国家自然科学基金"城市基础设施投资效果的系统评价研究"研究成果（项目编号：70640004）

基于协调视角的城市基础设施投资效果评价研究

万冬君　刘伊生　赵世强　著

中国建筑工业出版社

图书在版编目（CIP）数据

基于协调视角的城市基础设施投资效果评价研究/万
冬君等著. —北京：中国建筑工业出版社，2013.10
ISBN 978-7-112-15694-8

Ⅰ.①基…　Ⅱ.①万…　Ⅲ.①城市-基础设施建
设-基本建设投资效果-项目评价-研究　Ⅳ.①F294

中国版本图书馆 CIP 数据核字（2013）第 183735 号

　　城市基础设施是城市各项生产、生活所需的基本物质条件，是支撑城市运行的
"骨架"。由于各类城市基础设施划归不同部门管理，各部门根据需求分别进行基础设
施项目的投资决策、建设实施，使得对城市基础设施投资效果的考察缺乏系统性，从
而导致城市基础设施投资结构不合理、投资效益低下。在这种背景下，本书借鉴国内
外丰富的理论和实践经验，基于协调的视角，综合运用可持续发展理论、公共产品理
论、价值工程理论、协同理论、网络层次分析法、模糊综合评价法等理论和方法，对
城市基础设施投资效果的系统评价展开系统、深入的研究。

　　本书可为城市基础设施建设的决策者提供理论指导，也可供城市管理、工程管理
等相关专业研究人员参考。

*　　*　　*

责任编辑：牛　松　张国友　孙立波
责任设计：李志立
责任校对：张　颖　刘　钰

国家自然科学基金"城市基础设施投资效果的系统评价研究"
研究成果（项目编号：70640004）

基于协调视角的城市基础设施投资效果评价研究
万冬君　刘伊生　赵世强　著
*
中国建筑工业出版社出版、发行（北京西郊百万庄）
各地新华书店、建筑书店经销
霸州市顺浩图文科技发展有限公司制版
廊坊市海涛印刷有限公司印刷
*
开本：787×1092 毫米　1/16　印张：9　字数：171 千字
2013 年 8 月第一版　　2013 年 8 月第一次印刷
定价：**24.00** 元
ISBN 978-7-112-15694-8
　　　（24502）

前　　言

　　城市基础设施是城市各项生产、生活所需的基本物质条件，是支撑城市运行的"骨架"。随着我国经济、社会的快速发展和城市化进程的加快，对城市基础设施的需求日益增大，全社会对城市基础设施的投资也在逐渐增加。由于各类城市基础设施划归不同部门管理，各部门根据需求分别进行基础设施项目的投资决策、建设实施，使得对城市基础设施投资效果的考察缺乏系统性，从而导致城市基础设施投资结构不合理、投资效益低下。在这种背景下，本书借鉴国内外丰富的理论和实践经验，基于协调的视角，综合运用可持续发展理论、公共产品理论、价值工程理论、协同理论、网络层次分析法、模糊综合评价法等理论和方法，对城市基础设施投资效果的系统评价展开系统、深入的研究。

　　首先，分析城市基础设施的含义及其特点，结合本书的特点及研究需要，界定本研究中城市基础设施各子系统的分类。其次，分析国内外城市基础设施投融资体制改革的历程，以及我国城市基础设施建设中存在的问题，总结分析美国、日本、英国、法国、德国等国家和我国香港、台湾地区城市基础设施建设的经验。在此基础上，对城市基础设施与城市经济社会发展的系统性以及城市基础设施的系统性进行分析，得出本研究后续内容的总体分析框架。在该分析框架下，综合运用价值工程理论、网络层次分析法、模糊综合评价法，提出城市基础设施子系统投资指数和功能指数的确定方法，构建子系统层面上的城市基础设施投资效果评价模型，并从经济、社会、环境效益等角度分别构建城市基础设施各子系统的功能评价指标体系，从评价指标的选取和评价模型的应用两个方面提出开展城市基础设施子系统投资效果评价的对策和建议。最后，应用协同理论，分别构建城市基础设施子系统-经济-社会-环境复合系统协调度模型和城市基础设施系统协调度模型，用以评价城市基础设施各子系统与城市经济社会间以及子系统间协调发展的程度，并以北京市为实证对象，对模型的应用进行验证。本书的研究成果能够为各级政府和相关管理部门优化城市基础设施投资结构、提高投资效益提供理论依据和方法支持。

目　录

第1章 绪 论

1.1 研究背景和意义

1.1.1 研究背景

基础设施是城市各项生产、生活所需的基本物质条件，是城市经济、社会发展的"骨架"，支撑着整个城市大系统的运行。然而在改革开放之前，对城市基础设施作用的认识并不充分，导致我国城市基础设施的发展严重滞后。随着改革开放的不断深入，我国经济飞速发展，城市化进程持续加快，城市基础设施的建设与发展日益受到重视，国家把基础设施建设作为重点，不断加大对交通、通信、能源等方面的建设投入力度，投资额大幅度增加。特别是党的十六大以来，党中央、国务院高度重视基础产业和基础设施建设，采取了积极措施加大政府对基础产业和基础设施建设的投入，鼓励外资和民营资本对基础产业和基础设施项目投资。从数据来看，电力、燃气及水的生产和供应业固定资产投资额从 2003 年的 3962.4 亿元，增加到 2011 年的 14659.7 亿元，水利、环境和公共设施管理业固定资产投资额从 2003 年的 4365.8 亿元增加到 2011 年的 24523.1 亿元。从这两方面来看，近十年间，增长了 2～5 倍。

城市基础设施投资力度的持续增加，促进了基础设施规模总量的迅速扩张和服务能力的显著提高，我国城市基础设施在数量和质量上得到了明显的提高和改善，为经济增长和社会发展提供了较好的保障，大大缓解了对城市经济、社会发展的瓶颈制约作用。然而，在取得明显成效的同时，从满足经济增长、社会发展需求来讲，城市基础设施整体规模仍然滞后，各门类基础设施发展并不均衡，投资效益低下，使得本来就稀缺的城市基础设施建设资金无法取得良好的投资效果，无法保证城市基础设施与城市经济、社会协调发展。究其根源，投入不足是导致城市基础设施整体规模滞后的主要原因，而投资结构不合理、管理机制不完善则是各门类基础设施发展不均衡、投资效益低下的根本原因。相比于投入因素，优化城市基础设施投资结构、提升城市基础设施整体的投资效果，具有更重要的现实意义，尤其在我国城市基础设施建设资金有限的情况下，这便成为解决问题的一个很好途径。

1

在我国，各门类城市基础设施由不同部门分散管理，在投资上缺乏统筹，欠缺对投资效果的整体考察，这是导致投资结构不合理、投资效果差的根本原因。因此，各级政府和相关管理部门应从整体角度系统研究城市基础设施投资的效果问题，综合掌握城市基础设施投资效果的现状，从而为基础设施投资结构的进一步优化提供依据。在这种背景下，借鉴国内外丰富的理论和实践经验，基于协调视角，及时开展城市基础设施投资建设及效果评价的系统研究、进而为各级政府和相关管理部门提供科学的决策方法和依据是十分必要的。本研究就是在这个背景下形成并展开的。

1.1.2 研究目的和意义

（1）研究的目的

本书的研究，旨在为各级政府和相关管理部门优化城市基础设施投资结构提供科学的方法体系和决策依据，从而促进城市基础设施建设与城市经济、社会、环境的协调发展。具体来说，通过本书的研究，力争达成如下目的：

1）为各部门综合评价基础设施的投资效果从而制定本部门的投资策略与重点提供科学的指导。当前城市基础设施投资有限且投资效果不理想，从管理因素来看，由于缺乏科学有效的评价方法，相关部门不能有效地全面了解当前的基础设施投资效果。本书研究中，通过构建城市基础设施投资效果综合评价模型，以使相关部门能够科学评价基础设施投资效果，从而为制定投资策略与重点提供指导。

2）为优化城市基础设施投资结构提供理论依据和方法支持。城市基础设施投资结构的优化，是站在系统整体角度所做的全局统筹，需要完善的理论、科学的方法支持。在借鉴相关理论和方法的基础上，通过对城市基础设施投资效果评价模型、基础设施内部协调度及与外部环境间的协调关系的深入研究，完善基础设施投资效果系统评价理论体系，创新评价方法，为各级政府和相关管理部门的城市基础设施投资结构优化决策提供理论依据和方法支持。

（2）研究的意义

本书的研究，对于优化城市基础设施投资结构、提高整体投资效果具有重要的理论和实践意义。具体表现为以下几个方面：

1）有利于各级政府和相关管理部门基础设施投资决策的科学化，实现资源的优化配置。在本研究中，通过基础设施投资效果评价理论体系的完善以及评价方法的创新，能够为各级政府和相关管理部门的基础设施投资决策提供理论依据、方法支持，使得决策者能够利用科学的工具进行决策，从而使有限的城市基础设施投资发挥最大的效用，实现资源的优化配置。

2）有利于优化投资结构，促进各类城市基础设施之间的协调发展。当前我国城市基础设施投资存在的突出问题是投资结构不合理，各类城市基础设施之间发展水平不均衡，导致城市基础设施系统出现薄弱环节，城市基础设施系统功能不完善。借鉴本书的研究成果，各级政府和相关管理部门能够根据具体城市的基础设施需求，制定基础设施投资规划，优化基础设施的供给结构，从而实现城市基础设施投资结构的优化，促进各类城市基础设施之间的协调与均衡发展。

3）有利于提升城市基础设施的整体投资效果，促进城市基础设施与城市经济、社会、环境之间的协调发展。城市基础设施整体投资效果不理想，严重制约了城市经济、社会、环境的发展。本书的研究成果，不仅能够为各级政府和相关管理部门提供科学有效的工具，而且能够根据不同类型城市的特点提供切实可行的政策建议，作为各级政府和相关管理部门的决策依据，从而提升城市基础设施的整体投资效果，消除瓶颈制约，从而促进城市基础设施与城市经济、社会、环境之间的协调发展。

1.2 概念界定

1.2.1 城市基础设施的涵义及特点

（1）城市基础设施的涵义及构成

基础设施（infrastructure）是指为社会生产和居民生活提供公共服务的物质工程设施，它是社会赖以生存发展的一般物质条件。"基础设施"不仅包括工程性基础设施，如公路、铁路、机场、通信、水电燃气等公共设施，即俗称的基础建设（physical infrastructure），而且包括社会性基础设施，如教育、科技、医疗卫生、体育、文化等社会事业，即"社会性基础设施"（social infrastructure）。根据基础设施服务的范围、作用力及重要性的差异，可分为三个层次：宏观层次——全国性或区域性基础设施；中观层次——城市基础设施；微观层次——小区或单位性基础设施。

城市基础设施（urban infrastructure）是指城市生存和发展所必须具备的工程性基础设施和社会性基础设施的总称，也叫市政工程设施，或城市公共设施，是指为城市的物质生产和生活提供基本条件的具有公共服务性质的设施的总称，是城市赖以生存和发展的基础。工程性基础设施一般指城市能源设施，城市水资源及给排水设施，城市交通设施，城市邮电设施，城市环境设施，城市防灾设施。这些设施共同构成一个城市的主要物质支撑体系，是城市经济和社会活动能够正常进行的基本保证。这些设施分别构成能源系统、水资源及给排水系统、交通系统、邮电系统、环境系统和防灾系统。社会性基础设施则指提供行政管理、文化教育、医疗卫生、商业服务、金融保险、社会福利等的工程设施。在我国，城市基础设施多指工程性基础设施。故此，本书中的城市基础设施是指工程性基础设施。

根据城市基础设施的内涵规定，城市基础设施大体可包括以下六个子系统：

1) 城市能源子系统。主要包括城市电力生产和输电变电等供应设施；城市天然气、液化石油气、人工煤气的生产和供应设施；城市供热生产和供应设施等。

2) 城市水资源及给排水子系统。主要包括城市水资源的开发、利用和管理设施；自来水的生产和供水管网设施；雨水、污水的排泄设施和下水道设施。该系统不仅和人们的日常生活密切相关，而且还对环境产生重要影响。

3) 城市交通子系统。主要包括道路桥梁和停车设施；地铁、公共汽车、无轨电车、出租汽车等公共交通设施；交通标志、信号、路灯等交通管理设施；铁路、机场、港口、高速公路等对外交通设施，等等。

4) 城市邮电子系统。主要包括邮政、电报设施；市内电话、长途汽车、移动电话、无线电寻呼、电脑联网、电视和广播等设施。邮电通信系统虽然不直接生产实物产品，但是为人们准确而及时地发送和接收信息提供良好的服务，尤其在信息时代，让人们能够及时地调节生产和生活。

5) 城市环境子系统。主要包括环境卫生、环境保护、园林绿化等设施，如公园、植物园、绿化带、公共绿地等，垃圾的收集、清运、处理、综合利用，公共厕所保洁的建设管理等，环境检测和环境污染治理等。

6) 城市防灾子系统。主要包括城市消防、防洪、防震、防风沙、防地面沉降、防空等人防设施。防灾子系统主要应付城市的突发事件，充分保证城市的正常运行和人们生命财产安全。

六类城市基础设施共同构成一个城市的主要物质支撑体系，是城市经济和社会活动能够正常进行的基本保证。六个子系统之间相互影响，例如，能源系统与邮电系统相关，水、电燃气行业的直读、脉冲、无线的远程抄表系统需要通过邮电通信系统的支持；能源系统、环境系统和交通系统相关联，公路系统能源消费量比轨道运输系统要高得多，环境污染也相应地严重得多。考虑到防灾子系统通常是依托于其他五个子系统来发挥功能效用的，所以本书在研究的过程中只对前五个子系统分别进行投资效果的评价，不对防灾子系统进行单独的评价，而是将防灾作为其他五个子系统功能评价的一项指标，用评价时间内发生灾难后的恢复时间来反映防灾的效果。

当然，城市基础设施的内容范围也不是一成不变的，从历史上的城市基础设施的发展来看，这是一个从少到多、从简单到复杂、从低级到高级的不断扩展的过程。随着生产力的发展和科学技术的进步，以及社会生活的需求，原来的城市基础设施将得到进一步的完善，新的城市基础设施项目也将涌现。

（2）城市基础设施的特点

城市基础设施大部分以社会方式间接参与个别生产，直接维持、保证和推动社会生产，是城市经济和社会发展的物质载体和维持社会经济活动的前提条件，也是城市存在和发展的基础保证。城市基础设施作为一个相对独立的系统，一般具有如下几个主要特点：

1）服务的非营利性。城市基础设施都具有社会化服务的性质，大多数基础设施的使用不是以经济效益为衡量标准，而是以服务范围和对象的多少、服务水平的高低为标准，有些设施的使用则是无偿的或只是象征性收费。城市基础设施一般都是由政府规划建设的，政府的着眼点是使城市的运行效率得到提高，建设目的得以满足需要为主，盈利一般只是参考的条件。

2）建设资金回收的间接性。除了一些有明显经济效益的基础设施可以直接收回建设资金之外，大多数基础设施的建设费用是不可能从运行收益中收回的。基础设施的功能是为人民生活和社会生产提供更好的环境和条件。基础设施的运行可以促进经济的发展，经济发展了，企业和居民的收入增加，相应为政府提供的税收也增加。可以说，政府靠税收来间接收回基础设施建设的资金。

3）运行的系统性。城市基础设施大多数都是按其性能自成系统，有自己的运行规律，同时也是城市系统不可缺少的组成部分，其运行必须与城市整体运行合拍，满足城市整体运行的要求。

4）建设的渐进性。城市基础设施的建设是与城市发展相协调的，基础设施要按照城市规划的部署有计划地逐步建设。同时，由于人力、物力、财力和建设环境的限制，即使按照规划，有些基础设施的建设也不可能在短期内迅速建立起来，必须区分轻重缓急，根据财力、物力、人力的情况，有计划地逐步建设。

在城市发展过程中，城市经济发展和城市基础设施建设是互动的关系。基础设施是经济增长的先决条件，反之，经济快速发展必然导致基础设施的迅速发展，现代化的城市基础设施必须和现代化的城市经济取得协调发展。只有城市拥有了现代化的基础设施，城市的功能才能得到充分发挥，城市的各项经济活动才能更好地开展，才能吸引更多的投资。

1.2.2　城市基础设施的投资效果

（1）城市基础设施投资效果的含义

所谓投资，广义而言，是指经营某一事业（营利性的和非营利性的），预先垫付的一定数量的资金。本书所指的投资，特指一定的经济主体（政府和私人）向基础设施的新建、扩建以及改建等领域所进行的投资。

关于投资效果的概念在许多文献中都有所涉及，比较普遍的观点是将本期投资效果定义为综合效益的提高与上一期相应投资的比值，即投资效果系数。如，李博（2006）在对河北省固定资产投资效果评价时就是将投资效果定义为生产总值的增加与前一期全社会固定资产投资总额的比值。除此之外，也有不少学者对这一概念进行了深化，其中较为具有代表性的观点有：史富文（2005）在进行北京市基础设施建设投资投资效果评价体系的研究中，将投资效果建立在"3E"（经济、效率和效果）理论的基础之上，强调了投资的经济性、效率、社会效益、间接效益以及无形效益的统一，并从项目绩效和城市总体投资绩效两个层次进行阐释。于宝生，侯志辉，石静，曹国英（2005）在进行交通工程建设项目方案投资效果的研究时提出所谓"投资的效果"，归根到底应该理解为社会劳动生产的提高，也就是说，要从整个社会生产率的提高来加以分析。贾美玲（2004）在研究嘉祥世行贷款的灌溉农业项目投资效果评价时将投资效果定义为项目目标的完成程度以及所带来的经济、社会、生态效益的综合成果。从上述的不同叙述中可以看出，对于投资效果的定义不同学者基本上是从其经济效率、目标完成程度以及社会综合效益的提高这三大方面进行论述，即投资效果需要体现经济性、目标性和全面性的统一。

本研究重点讨论城市基础设施投资效果的评价，将投资效果定义为投资活动所取得的有效成果及资金使用达到预期目标的程度。广义上看，这一内涵具有二重性：从生产力角度，它表明人与自然关系中的生产问题；从生产关系角度看，它表明人与人关系中的满足社会需要问题。从狭义上看，这一定义即表示基础设施投资中所表现出的资金使用效率、建设实施成果以及社会综合效益这方面的统一。具体来说，城市基础设施的投资效果包括经济效益、社会效益和环境效益。

1）经济效益。对城市基础设施投资可以为城市的发展创造一个良好的运行环境。城市基础设施的效益可渗透到经济活动的各个领域中去。经济发展了，能为城市基础设施发展提供建设资金，并确保城市基础设施建设水平的提高。这是城市基础设施投资体现出来的经济效益。

2）社会效益。城市基础设施以其规模、质量、承载能力和科技水平反映着城市现代化文明的程度，体现着城市的功能，并为各项社会事业的发展提供了多样的物质基础和前提条件。对城市基础设施的投资不仅能提高其服务社会的硬件水平，而且随着各项社会事业的推进，也把一批新思想、新科技、新成果注入城市基础设施的建设中，使其充满蓬勃向上的活力。实践证明，只有城市基础设施与各项社会事业协调发展，相互融合，才会使两者相得益彰。这是城市基础设施体现出来的社会效益。

3）环境效益。在经济、社会发展的同时，人口剧增、资源过度消耗也给环境造成了很大的影响，主要表现为环境污染、生态破坏等诸多城市问题。这些问题都严重地阻碍着经济的发展和人民生活质量的提高。而随着经济增长和社会进步，人们对于环境舒适性的要求也越来越高，环境保护的意识也逐渐加强。建设优美的环境，提高对环境的保护和改善能力，是城市基础设施体现出来的环境效益。

（2）城市基础设施投资效果的特点

从城市基础设施的特点和城市基础设施投资效果的内涵可以看出，对城市基础设施进行投资与一般的项目投资有所不同。这主要是由于城市基础设施具有为社会公众服务的公益性成分。因而对其投资的目的不是以经济效益为主，更多的还是为了取得一定的社会效益和环境效益，而且在投资过程中还必须考虑整体效益和长期效益的最优。具体说来城市基础设施的投资效益有以下特点：

1）社会效益高于经济效益。大多数城市基础设施建设的目的不是以获取经济效益为主要目的，更主要的还是为了达到一定的社会效果，如改善人民的生活条件和环境，为城市的生产和运营提供更为方便的条件，保证城市和人民的安全等。这些都是为了满足社会需要而不是为盈利去建设的。尽管在资金有限的情况下，需要考虑经济效益，但经济效益必须服从社会效益。

2）间接效益大于直接效益。城市基础设施的建设和经营不仅产生直接的经济利益，而且还间接产生了巨大的间接效益。它给城市带来了显著的社会效益与环境效益，例如改善环境质量、维护生态平衡、提高效率、方便生活、维护秩序、保障安全等。这也就是人们通常所说的它具有外部经济性。这是评价城市基础设施投资效益的主要着眼点。

3）整体效益先于局部效益。城市的发展有赖于基础设施的发展，评价城市的发展水平都是以城市基础设施的整体数量和质量作为指标依据。因此在分析基础设施的投资效益时，往往首先考虑投资城市整体发展所起的作用，而不是强调某一方面的效益和作用。

4）长期效益重于短期效益。一方面，城市基础设施的建设往往考虑其在比较长的时期内所能发挥的效益，因为城市基础设施建设规模大、建设资金多，许多基础设施在进行城市规划时就要为未来的发展留有余地。另一方面，许多城市基础设施的真正效益需要较长的时间才能显现出来，如环境保护对人们健康的影响，网络的普及对人们生活方式的影响等。

1.2.3　城市基础设施的乘数效应

乘数效应是一种宏观的经济效应，指经济活动中某一变量的增减所引起的经济总量变化的连锁反应。城市基础设施具有乘数效应，能带来数倍于投资额的社会总需求和国民收入。从这个角度来看，对城市基础设施乘数效应的适当运用也是一种宏观经济控制手段。

在 20 世纪 30 年代，为了应对空前的经济大萧条，美国总统罗斯福推行了著名的"罗斯福新政"，其中很重要的一项政策就是政府主导的大规模的基础设施建设。通过将巨额资金投资于这些基建项目，不仅提高了就业，增加了民众收入，同时也为后期美国经济的大发展打下了坚实的基础。

2008年，美国次贷危机爆发，席卷全球。为了应对由于全球性金融危机及国内诸多因素造成的经济下滑的巨大风险，我国政府推出了"四万亿"投资的计划，以拉动内需，刺激经济增长。"四万亿"投资计划中，近一半资金投向交通基础设施和城乡电网建设。配合中央政府的计划，全国各省市政府纷纷以基础建设项目为重点，投入巨额资金，以拉动经济增长。由此可见，释放城市基础设施的乘数效应，以拉动经济增长，已成为我国政府宏观调控的一个重要手段。

1.3　国内外研究现状

城市基础设施一直以来都是国外学术界关注的问题，在城市基础设施项目投融资、建设管理、项目评价、基础设施与经济增长之间的关系等领域建立了较为完善的理论体系。改革开放以来，随着我国经济、社会的快速发展，城市基础设施一直都是我国学术界讨论的热点，在不同的发展阶段，研究的重点也有所不同，先后围绕城市基础设施投融资体制改革、融资模式、建设管理、现代化水平评价、运营管理等展开研究，形成了较为丰富的研究体系。下文仅就城市基础设施投资效果评价的国内外研究现状展开分析。

1.3.1　城市基础设施项目层次评价的研究现状

现代意义上的投资项目评价方法萌芽于20世纪初期，在20世纪30年代得到了初步的发展。20世纪60年代之后，评价理论和方法体系日趋完善，成为一门比较完整的工程经济学学科。1844年，法国工程师杜比（Dupuit）发表的《公共工程项目效用的度量》被认为是成本—效益分析方法的起源。他提出消费者剩余和公共工程的社会效益概念，认为一个公共项目从全社会所取得的总效益是该公共项目的净生产量乘以相应的市场价格所得的社会效益的下限与消费者剩余之和。这一分析方法在西方持续了百年之久而未有重大进展。

1936年，美国为了有效地控制洪水，大兴水利工程，并颁布《全国洪水控制法》，该法正式规定了运用成本—效益分析方法评价洪水控制和水域资源开发项目。随着项目评价理论和方法的初步形成，成本—效益分析法应用到水利工程以外的其他公共项目领域成为可能，如公路、桥梁、机场、港口及国防工程等项目。

在第二次世界大战期间，美国经济学家适时地把成本—效益估算的逻辑和程序应用到军事项目，取得了某些成就。在战后期间，西方各国为国民经济重建和恢复而纳入计划的公共服务和投资项目日益增多，政府干预社会经济的行为和作用逐渐增强，使得项目评价理论和方法不断得以发展。西方国家有关学者通常把 1936～1960 年这一时期称为项目评价发展的第一时期。它的特点是成本—效益分析法在美国的水利和公共工程领域得到初步发展和认可。

1960～1970 年，是项目评价理论和方法发展的第二个时期。这一时期的特点是成本—效益分析方法的精细化，其应用范围开始从公共工程向工业、农业和其他经济部门推广；由美国向欧洲和其他发展中国家推广。

上述两个时期的项目评价工作有一个共同点，即都是采用传统的成本—效益分析方法，而这种方法的基本概念、原理、标准、目标都是以福利经济学为基础的。

20 世纪 70 年代至今，是项目评价发展的第三个时期。自 1968 年起，项目评价的理论不断有新的方法、观点出现，打破了传统的成本—效益分析法所支配的这个领域，在学术界和国际上引起了方法上的激烈论战。其中最有影响的流派有 OECD 方法、UNIDO 方法、S-T-V 方法及阿拉伯方法（又称手册法）。这些方法之间的区别主要集中在国民经济评价中对投入、产出物采取什么价格、汇率及评价指标上，其核心是如何确定影子价格问题。李特尔（Little）和米尔利斯（Mirrlees）联合在经济合作和发展组织（OECD）刊物上出版的《工业项目分析手册》及其在 1974 年修订后出版《项目评价与规划手册》中提出了关于项目评价的新见解，学术界称为 OECD（L-M）法。该方法的特点是强调了评价的系统性，强调了对传统效率价格（未充分考虑收入分配影响）和考虑了对分配权在内的社会价格协调一致应用；把项目的经济评价和社会评价分为两个阶段，简化了项目评价的方法和"价格"的估算。由于确定社会评价参数的主观随意性较大，技术上较繁琐不便，最后便采用简单加权的单目标决策方法。

随后，联合国工业发展组织（UNIDO）于 1971 年发表的《项目评估准则》也提出了新方法（UNIDO 法）。该方法的特点是提出了一套项目评价的标准评价表格，并明确分为 5 个阶段来完成项目的财务、经济和社会评价，使项目评价更规范化和程序化。社会评价方法主要采用调整系数的方法，把第二阶段求得的项目经济净现值通过储蓄影响、收入分配影响与高价值和低价值影响 3 个阶段的系数调整，估算出项目社会净效益现值。这种做法，把项目评价基本上局限在项目经济评价上。

1975 年，世界银行的经济学家林恩·斯夸尔（Lyn Squire）和世界银行政策业务局局长赫尔曼 .G. 范德塔克（Herman G. VanderTak）合著的《项目经济分析——影子价格的推导和估算》一书提出了 S-T-V 方法。该方法在某种程度上综合了 OECD 方法与 UNIDO 方法的优点，其主要的观点与 OECD 方法更为接近。与 OECD 法不同的是，它在计算项目收益过程中，主要考虑项目在一个国家内收入分配的影响。该方法还提出了进行社会效益评价的理论：对影子价格的本质进行了自成体系的解释，所推荐的计算方法与应用更为系统和协调一致；方法还对经济分析中的加权数值作了深入的推导和估算。他们的观点为 OECD 方法与 UNIDO 方法提供了一个协调的方式，把项目评估的理论更推进了一步。

1980 年，工发组织和阿拉伯国家工业发展中心（IDCAS）出版了《工业项目评价手册》，手册中所代表的观点，学术界称之为阿拉伯方法。该方法主要考虑了发展中国家的项目评价实际情况，认为在发展中国家即使建立了能反映国家发展目标的和经济环境的影子价格，但是当客观经济环境发生变化时就得重新调整影子价格，而发展中国家不断地调整影子价格是不现实的。因此，阿拉伯方法强调评价指标以国民收入最大化为目标，同时考察一些附加指标，如就业效果、分配效果、净外汇效果、国际竞争性等。该方法采用修正汇率，直接反映了国家外汇的稀缺性。

由于项目评价已经在西方经历了较长时间的发展，其理论基础和评价方法比较丰富，主要的研究手段还是在费用—效益分析的基础上融入了一些新的数量经济学方法，例如模糊评价法、神经网络分析法、主成分分析法、全寿命期法等，由此产生了很多综合评价方法。

国外项目评价的丰富经验为我国项目评价的发展提供了一定的借鉴作用，在改革开放以后，为了适应经济发展和对外开放、对内搞活的需要，为了熟悉和吸收国际上在经济管理方面的先进经验，在世界银行的帮助下我国的项目评价开始发展。1983 年 2 月，原国家计委颁布《关于建设项目进行可行性研究的试行管理办法》（计资［1983］116 号），要求项目在建设前期工作中，一旦项目建议书获批准，都必须进行可行性研究。在开展可行性研究的同时，项目评价的理论和方法也开始引进，最先将其用于我国的投资决策实践的是中国投资银行。在专家的指导下，充分借鉴和学习国外关于项目评价理论与方法的基础上，于 1981 年下半年开始编写《工业贷款项目评估手册》，1984 年 9 月正式颁布，作为投资银行系统开展项目评价的依据。1986 年，国务院颁布《关于控制固定资产投资规模的若干规定》（国发［1986］74 号）的通知，正式将项目评价作为项目建设前期的一个重要工作阶段。而发展到现在，我国项目评价的研究已经较为成熟了，总结投资项目评价的方法可归为四个发展阶段，见表 1-1。

投资项目评价决策既要考虑项目特点、市场环境、竞争状况等因素，采用合适的、定量化的方法对项目价值作出评价，又要考虑投资者所处的内部环境、资源状况、发展战略等非经济因素，因而是一项复杂的系统工程。而具体到基础设施项目的评价更为复杂，除研究较为成熟的经济评价外，有很多学者对城市基础设施项目的社会评价和环境评价进行了研究。

项目评价与投资决策方法四个发展阶段的比较　　　　表 1-1

比较	现金流贴现法(净现值法、内部收益率法、年值法)	风险分析技术法(敏感性分析、决策树、模拟法)	实物期权方法	期权博弈方法
收益流	确定值	期望值或视为随机过程	将一些影响收入流的关键变量如产品价格等设定为符合某种随机过程,然后求解连续情形下的期望值	将一些影响效益流的关键变量如产品价格等设定为符合某种随即过程,并在受竞争状况影响下求解连续情形下的期望值
投资价值	静态 NPV	现金流确定等价法和调整贴现率估算的预期价值	静态 NPV＋柔性(实物期权)价值	静态 NPV＋柔性(实物期权)价值＋(一)战略(博弈论)价值
投资成本	确定值	期望值或视为随机过程	实际资本支出和机会成本的和	实际资本支出和机会成本的和
投资时机	折现期望现金流超过投资成本	折现期望现金流超过投资成本	投资价值超过实物期权价值,通常收益流为投资成本的 2 至 3 倍	根据市场结构和博弈均衡的结果来确定,但第一家企业抢先投资临界值一般位于 NPV 和垄断投资临界值之间
影响因素 内在因素	生产成本、项目生命期和市场份额等	生产成本、项目生命期和市场份额等	生产价格、生产成本、项目生命期和市场份额等	生产成本、项目生命期和市场份额等
影响因素 外在因素	贴现率、市场容量、产品价格、税率和通货膨胀等	贴现率、市场容量、产品价格、税率和通货膨胀等	市场容量、税率和通货膨胀等	市场容量、税率、通货膨胀和竞争者行为等
影响因素 说明	项目生命期是最主要的内在因素,贴现率和产品价格是最主要的外在因素	项目生命期是最主要的内在因素,贴现率和产品价格是最主要的外在因素	产品价格为内在因素,贴现率影响消失	很难说产品价格属于何种因素,但它确实是很重要的一种因素。竞争者行为也是一种很重要的因素
应用范围	完全竞争市场	完全竞争市场	完全垄断市场	寡头垄断市场

　　从张兴平、陶树人（2000）以社会学为基础,对项目周期不同阶段社会评价的主要内容的详细论述,到陆菊春、韩国文、郑君君（2002）在分析城市基础设施项目社会评价内涵、原则、特点的基础上,建立的社会评价指标体系等研究都为城市基础设施项目的社会评价提供基础和参考。而发展到近期,社会评价的发展日趋成熟,花拥军、雍少宏、张志恒（2006）总结了项目社会评价的研究,在分析国内外研究成果的基础上,探讨了目前我国项目

社会评价中的主要问题，指出传统的评价以牺牲生态资源为代价去换取经济发展和社会繁荣的思想具有局限性，主张将社会可持续发展引入评价中。此外，随着人类对环境的重视，项目的环境影响评价也逐渐成了项目评价的热点。很多学者研究项目环境评价的不足并提出了相应的建议，尹坚（2004）在分析当前建设项目环境评价管理存在缺陷的基础上，阐明了产生缺陷的原因，对改善现行管理作了 SWOT 分析：引入积极和动态环境评价的概念，从政策、法规、管理、操作等不同层提出了改进环境评价管理的若干建议。王云霞、王国弘（2007）以可持续发展为目标对环境生态学、环境经济学和环境系统科学等相关理论进行了深入的研究，并指出了我国投资项目环境影响评价的不足。

迄今为止，对于项目投资效果评价的研究，无论是理论基础还是评价方法，有非常多的学者致力于此，研究成果较为成熟。因此，本书的研究将不再对基础设施项目层面的投资效果评价展开论述，而是将更多的精力集中于鲜有人涉及的城市基础设施的能源、水资源及给排水、交通、环境、防灾六个子系统层面和城市基础设施整体层面的投资效果评价。

1.3.2 城市基础设施子系统层次评价的研究现状

（1）城市能源子系统

国外有很多学者对于城市能源系统的研究，主要集中于单项目的投资评价上，且多是进行成本效益的财务评价。如 Papamarcou，M. 和 Kalogirou，S.（2001）对供电供暖混合系统（CHP）项目进行了财务评价；Sundberg，G. 和 Sjodin，J.（2003）也对 CHP 展开了相关研究；ForouzbakhshF. 和 Hosseini，S. M. H. 以及 Vakilian，M.（2007）对中小型氢电厂投资进行了成本效益分析，采用的指标为效益成本比率；Voorspools，KrisR. 和 D'haeseleer，WilliamD.（2007）对风电评价的方法进行了评估。总结国外的研究，尚缺乏对能源子系统层面投资效果评价的研究，以及子系统与城市经济、社会各要素之间协调性的研究。

同样，在国内同样也很少有涉及子系统层面投资效果评价的研究，早期的研究集中于城市基础设施和经济发展之间的关系，其中对能源子系统有所涉及，王其藩、徐波、吴冰、贾建国（1999）在《SD 模型在基础设施研究中的应用》中，运用所建基础设施和区域经济的系统动力学模型，研究上海和长江流域的基础设施和经济发展问题。通过模型模拟，预测了上海未来15 年的经济发展概况；并以原煤的供给与需求为例模拟了能源对于经济发展的制约及消除制约作用的措施，据此提出了保证基础设施和区域经济协调发展的一系列政策建议。其后，多数分别对电力、石油、天然气、煤矿等方面对能源子系统展开定性或定量的研究。

关于能源子系统功能性的定性研究。牛树海，金凤君，刘毅（2005）分析了我国电力基础设施的结构和特点；黄文、管昌生（2004）、黄富国（2005）分别对我国供热现状、城市集中供热及城市燃气的现状、发展趋势展开了分析和预测。

关于能源子系统功能性的定量研究。对能源子系统功能性的定量研究一直在不断发展，但是从发展的情况来看，研究内容较为分散，主要涉及对能源效率的评价、能源项目的评价及能源子系统评价的相关研究。

1）关于能源效率的评价研究。能源效率的评价是对宏观能源效率的精确量化，可以帮助决策者和政策制定者更加全面地了解一个国家或地区内的能源利用情况，从而为评估能源政策的有效性提供科学依据，同时也是本书对能源子系统功能评价的重要基础。从研究成果来看，能源效率的评价研究日益成熟，评价的指标体系也日趋完善。起步较早的是王建萍（1991）对能源利用效果的分析，初步构建了相对较为完整的能源利用效果评价，其目的虽然是为促进企业挖掘节能潜力，努力提高能源利用效果，但其较为系统的评价思想体现了其进步性。此后，该项研究逐步发展，戴彦德、朱跃中（2005）对中外能源效率水平比较时采用单一GDP能源（能源经济效率）指标提出质疑，认为其不能反映各国实际能源利用效率的差异，提出应进行节能潜力分析，认为采用综合指标更具有实际意义；周鹏、B. W. Ang、周德群（2007）进一步深化了对能源利用效率评价的研究，指出常用的能源利用效率指标存在的缺陷，即将一些非效率因素也归因于能源利用效率的变动，基于此，给出了基于指数分解分析的宏观能源利用效率的评价方法；刘征福（2007）阐述了建立能源利用效率评价指标体系的原则，并进一步阐述了能源利用效率指标体系的确定方法。

2）关于能源项目投资评价的研究。赵树仁（1998）给出了企业投资能源项目评价的方法，如动态收益类法、动态收益率类方法、时间（T）类方法以及综合评价法等。但由于这些方法计算的指标都是科学预测的产物，可能出现由于资料不详、测力不足、未来情况随时间推移产生变化，所以其具有不确定性和风险性。而随着新的基础理论方法的出现，对于能源项目的投资评价方法也随着发展，宋润栓（2006）研究了能源项目投资评价中期权理论的应用，较为新颖。

3）关于能源子系统投资效果评价的相关研究。虽然目前没有学者专注于对能源子系统投资效果进行研究，但以下两位学者的研究成果与本书的研究有很大的相关性和借鉴意义。王伯春（2004）对新能源系统社会评价模型方法进行了研究，立足其对全社会能源、环境、费用和效益的影响；讨论了新能源系统的社会能源评价、环境评价、经济评价的模型和方法。其中生命周期的环境评价方法的引入以及直接效益和间接效益表示的经济评价方法等都非常值得借鉴。此外，谭忠富、侯建朝、姜海洋、柏慧（2007）建立了可持续利用的系统结构模型，构建了能源可持续利用的指标体系，该指标体系对于本书指标体系确立中对可持续性因素的考量有所启示。

不难看出，对城市能源子系统投资效果的评价少有深入的研究与分析，但是对于能源利用效率的评价以及能源项目投资评价的研究成果，都能够为本书对能源子系统投资效果评价提供有利的研究基础。

（2）城市交通子系统

从国外的研究现状来看，对城市交通子系统的研究成果较多，但由于国内外的历史和现实条件的差异，研究的重点和角度有所差别。

1）国外关于城市交通子系统的研究。国外对交通子系统投资及其效益方面的研究主要集中在交通影响分析法、投资效益与投资决策三个方面：

① 关于交通影响分析法的研究。美国等西方发达国家有关交通影响分析法（Traffic Impact Analysis，TIA）的研究和应用还在不断的发展、完善，现阶段主要集中在影响范围的确定、影响费用的合理分配以及收费计算年限等方面。但经过长期广泛的研究，实施 TIA 的国家已从主要依靠修建更多的道路，扩大路网规模来解决日益增长的交通需求，转移到用高新技术来改造现有道路运输系统及其管理体系，从而达到大幅度提高路网通行能力和服务质量的目的。

② 关于交通子系统投资效益的研究。从 20 世纪 80 年代开始，世界各国就开始展开了关于城市交通子系统投资效益的研究，也相继地形成了不少研究成果。Novick（1990）提出在评价其寿命周期成本的基础上，制定长远规划，以确保交通运输系统整体的投资效果；Faulkner（1993）提出了波士顿公共交通系统（MBTA）财务分析方法和模型，从而能够较好地进行复杂系统内收入、生产费用和基本建设费用的财务分配；Morrision，C. J. Schwartz，A. Z.（1996）以及 Lynde，C. and Richmond. J.（2002）都采用了成本函数模型研究了交通基础设施的经济贡献。Kim（2002）同样利用制造业的成本函数，具体对韩国的四大区域——汉城（首尔）地区、东南部地区、西南部地区和中心区域的道路投资效益进行了评价。

③ 关于交通子系统投资决策的研究。James（2005）在传统的交通运输网络效应评估的基础上，提出了交通网络的二轮效应影响混响单位成本法，目的是从消费者的角度衡量交通运输网络效应及对整体经济的影响，并以此作为决策交通运输网络结构调整的依据；DavidA. Hensher（2006）提出各国政府应该意识到快速公交系统超越一般公交系统的优势，并需要巩固和发展这一投资策略，甚至可以通过评估快速公交的吸引力，捕捉到快速公交的真正意义。

可见，国外研究者已经注意到研究城市交通子系统投资效益的必要性和重要性，并已经取得了一些相关研究成果。

2）国内关于城市交通子系统的研究。在国内，对城市交通子系统层面投资效果评价的研究成果数量很少，除了王莉（1995）重点研究了城市交通系统投资主相关因素的理论方法，并试图采用系统动力学、目标规划方法以北京市为例建立城市交通系统投资优化模型之外，并没有其他类似研究。但是很多学术研究者却分别从可持续理论、整体协调发展水平、环境影响评价等角度对城市交通子系统的相关评价体系及方法进行了探讨。

① 城市交通可持续发展的研究。卫振林（1998）进行了城市交通可持续发展若干问题的研究，对城市交通可持续发展的客观环境约束机制作了初步量化研究，提出了城市交通环境容量和城市交通环境承载力的概念，在此基础上建立了综合评价指标体系和"可持续度"的评价模型；杨赛霓（2000）、陆建（2003）、仇东东（2005）等人提出从城市交通系统的目标出发采用层次分析——模糊综合评价法建立一套可持续发展的城市交通系统综合评价体系，用以衡量城市交通可持续发展的程度和水平；在此研究基础上，颜月霞、王花兰等（2006）提出在层次分析——模糊综合评价法中对于互反判断矩阵用特征向量方法，而模糊互补判断矩阵用最小方差方法分别求出权重向量。对于不确定的判断信息，用不确定的多属性的方法计算权重向量而最终评价城市交通系统。

② 城市交通整体发展水平评价的研究。城市交通子系统整体发展水平评价的含义包括两个层次：一方面是从宏观、整体角度来看系统的整体利用效率如何，交通功能是否得到合理和充分的发挥；另一方面是从道路使用者和交通管理者的角度看道路运行是否通畅、路段和交叉口的车流运行状况如何。方锡邦、于景飞等（2005）从城市道路区域网络、主要道路交叉口、城市主要路段及其他相关方面入手，评价城市交通系统发展水平的高低，并建立了基于层次分析——模糊综合评价法的城市交通系统发展水平评价体系；郭秀芝（2003）、云美萍（2004）等人依据综合评价的一般步骤建立了城市交通系统整体发展水平综合评价指标体系，并着重研究评价指标粗略分类的方法，包括主成分分析法、模糊聚类分析法等；石琴、汪秀英等（2005）在建立评价指标体系中提出了一种各城市可以在上级约束下，根据自己的偏好确定各自的权重，然后提交上级，并由上级进行综合，确定最后的系统权重的方法，对综合评价中权重确定方法的研究进行了补充。

③ 城市交通环境影响评价的研究。近年来，城市交通环境影响评价要素从狭义的对大气、噪声等有限的自然环境要素的评价，发展到了对城市自然、生态、社会、经济、资源等方面的综合评价。国内学术研究者们在沿袭国外已有的研究成果的基础上提出了一些应用当前先进的分析方法的建议。范颖玲（2002）、李胜（2000）等人提出利用模糊 AHP 法来确定诸多聚类指标权重的同时将多级灰色聚类分析应用于综合评价模型，减少了人的主观

性和任意性，使得评价结果更加全面、客观、合理；何如海、叶依广（2006）根据城市交通生态环境系统的复杂性，对影响城市交通生态环境质量的指标因素进行提炼，确定了指标因素的隶属度函数，建立了基于不同模糊算子的城市交通生态环境质量多阶模糊综合评价模型。

国内的研究大多停留在各大中型城市交通发展水平的横向比较与城市交通系统可持续发展评价的层面，或者是城市交通系统的单一环境影响评价、社会评价，对于城市交通子系统层面投资效果的综合评价研究有待完善。

（3）城市邮电子系统

1）国外关于城市邮电子系统的研究。从目前检索到的文献来看，国外学者大多从邮电业对国民经济的影响的角度进行研究，通常采用计量经学的方法从某个侧面或广义角度进行研究，以及利用投入产出法进行系统研究。

① 有关电信投资与经济增长关系的研究。Greenstein 和 Spiller（1996）研究了光纤电缆和 ISDN 数量与美国国民经济的关系，发现这些电信基础设施投资对于部分消费者剩余和当地电信服务年收入有着重要影响；Madden 和 Savage（1998）利用 1991—1994 年部分中东欧国家时间序列——截面合并数据，分析总体经济实际增长率与电信投资、部门经济人均实际增长率与电信密度的关系，结果表明：电信投资、电信密度是促进经济增长的重要因素；Roller 和 Waveman 研究了电信基础设施对经济发展的影响，结论表明：相对低级的电信基础设施的影响效果低于中级基础设施，高级的电信基础设施对经济增长的贡献更大，这种影响在普及率达到 40% 时会更有效。

② 有关电信密度与 GDP 的关系的研究。A. Jipp（1963）利用 ITU 统计的多个国家的电信业数据，得到电信密度与人均 GDP 大致呈对数线性关系，后人称"JIPP 曲线"，目前，这种研究方法已在全世界得到普遍应用；Hardy（1980）运用 1960—1973 年 15 个发达国家和 45 个发展中国家的相关数据资料，对人均 GDP 的增长产生正效应，前者更强调人均 GDP 对电信密度提高的作用，后者更强调电信密度对人均 GDP 的提高作用；Carr（1989）也做了类似的实验，他选择 1960～1985 年为时段，89 个样本国家（包括 15 个工业化国家），对人均 GDP 和每千人电话主线数进行回归，得到类似结论，并进一步指出，电信密度与人均 GDP 的相关度具有区域差别，经济发展水平高的区域，相关度较大；Norton 则对电信与经济增长进行了更为完备的分析，他运用 1957—1977 年间 47 个国家的数据，估算了该期间人均电信业务量对年均经济增长率的影响，发现电信变量与经济增长呈正相关是由于电信基础设施降低了交易费用，所以社会总产出增加；进一步，Norton（1992）比较了缅甸、洪都拉斯、斯里兰卡、玻利维亚、墨西哥和加拿大的电话普及率与经济增长的关系，发现即使仅仅把前四个国家的电话量提高到墨西哥的水平，投资效益率也可提高 55.5%，他认为，许多增长

效果是由电信变量引起的，包括电信所支持的所有工业的增长，这同一般公共设施在国家层面上对经济增长的影响相类似。

2）国内关于邮电子系统的研究。国内对邮电子系统设施投资效果评价研究成果数量很少，直接相关的主要有史富文（2006）重点研究了北京市基础设施投资评价的相关指标和方法，并将邮电基础设施系统进一步划分为邮政和通信基础设施，主要从这两个分系统的功能完备性和服务能力的角度设立了评价指标，并辅以层次分析法和雷达图与其他基础设施进行综合评价。除此之外，没有其他类似研究。造成这一现象的主要原因在于该子系统的建设和投资都已经较为深度的实现了企业化，因此，很多学术研究者从以下三个方面进行了探讨。

① 关于邮电基础设施发展的政策性评价的研究。牛中允（2004）全面分析了我国通信基础设施的建设状况以及相关政策的落实情况，并提出了目前存在的问题以及未来的发展方向和政策建议，这一研究为本书的投资效果评价提出了专业化的目标规划；赵大伟（2005）利用国民经济和交通运输与邮电通信基础设施投资的总量数据，根据计量经济学的葛兰格（Granger）因果检验原理，对我国的交通运输和邮电通信业与国民经济发展的因果关系进行分析，得出国民经济的发展在1～4年短期内，带动交通运输与邮电基础设施的投资的结论，同时这一结论也揭示了交通运输与邮电通信业的发展仍然是制约经济发展的瓶颈。

除了通信基础设施，关于邮政基础设施评价方面的研究有：南焱（2007）在对京津沪邮政基础设施建设调查的基础上总结了我国大部分城市中存在邮政服务能力落后于城市化进程的现象，提出邮政局所数量缺口大、拆迁重建资金缺口大以及缺乏政策支持是限制邮政设施发展的主要原因。在统计数据方面最为重要的研究是信息产业部综合规划司（2007）公布的2006年全国通信业发展统计公报，为通信基础设施的评价提供了最新的第一手资料。

② 有关邮电基础设施建设项目经济评价的研究。城市邮电基础设施评价可以在一定程度上认为是邮政通信建设项目评价的拓展，而在这一方面相对有较多的研究能够提供理论支持，因此也作为重要的参考资料。这一部分的研究主要是针对通信基础设施。早期关于通信项目评价的论文均是围绕邮电部所发布的《邮电通信建设项目经济评价方法及参数》进行研究，比较有代表性的是廖建文（2001）将这一方法的应用进行了全面的探讨，并有针对性的提出了部分指标的适用范围，这一研究的重点放在投资绩效评价上。在此基础上，王长河（2003）对此套方法从计算期、折现率以及指标体系等方面提出了改进措施，并提出了项目评价应从集团公司、省公司、地区公司以及事业部管理等层次进行评价。比较值得关注的是秦廷奎（2003）特别研究

了非营利通信建设项目经济评价的评价方法，这一研究提出了基于单位功能投资和单位功能运营成本的评价方法，并建立起了相应的指标体系，为非营利通信项目的经济评价提供了有力的参考。

③ 有关邮电通信企业绩效评价体系及方法的研究。由于邮电子系统的投资以及建设主要是通过企业的形式来完成，因此对邮电子系统的投资效果评价可以在一定程度上参考通信企业绩效的评价。目前在这一研究方向主要集中在邮电企业服务能力评价以及企业综合绩效评价这两个方面。

陈文沛（2003）最早将价值工程的思想应用于通信服务企业的产品评价，这一研究围绕着价值工程设计了一套基于服务质量能力的评价指标体系，对于企业服务能力的评价有很好的参考作用；孙维、林振辉、舒华英（2004）在他们的研究中则是从客户价值的角度评价了移动通信行业的服务能力，并从当前价值和未来短期价值两个维度对客户的价值进行评定，同时根据当前移动通信的实际情况提出了能够表征客户价值的指标项；朱强（2004）等则是直接从通信技术的角度设计了移动通信网质量综合指数MQI，以此来全面反映移动通信服务的质量，并给出了 MQI 的算法以及详细算例。

在邮电通信企业综合绩效评价这一方面主要有如下的研究成果：蒋华园、吴铁砚（2001）就电信通信和邮政通信企业的综合绩效评价进行了探讨，并提出了经营效益是这两类企业的核心绩效这一观点，从企业盈利能力、偿债能力等常规的财务评价方法结合邮电类企业的特征设计了一套指标体系，并就其中计算期等细节问题进行了规定；黄玉波、王敬（2006）则从企业竞争力的角度来评价电信企业的综合能力，这一研究整合了客户价值、企业价值以及资源利用效率这三方面的标准，并以此为基础设计了一套综合评价指标体系，较为全面的反映了电信企业的综合能力和绩效。

从研究现状的综述看，直接进行邮电子系统投资效果评价的研究较少，仅在一些全面评价城市基础设施投资效益、现代化水平的学位论文中涉及了这一系统的评价，而且评价指标不够全面。间接相关的一些基于项目和企业能力的评价研究虽然具有一定的参考意义，但是仍然无法表现邮电这一子系统对于整个社会的综合效益，而且所使用到的数据不具有代表性。因此，对于这一系统评价的研究应当重点放在系统综合指标体系的普遍适用性和代表性上。

（4）城市水资源及给排水子系统

对于水资源及给排水子系统投资效果的综合评价是一个复杂的新课题，这方面的工作尚处于研究之中。就国内外的研究来看，主要分为水资源和城市给排水基础设施两部分。

1）有关水资源评价的研究。有关水资源评价的各项研究中，研究的热点是对水资源可持续发展和"水安全"主要评价指标体系的构建。

① 对水资源可持续发展评价指标的研究。许多国际机构（如联合国可持续发展委员会，世界银行等），非政府组织（环境科学委员会，世界自然资源保护同盟等）和一些国家（英国，荷兰，加拿大等），以及一些学者都对可持续发展指标体系展开了研究，提出了各自的指标体系和研究方法。国外水资源可持续利用指标体系主要包括国家、地区、流域三种尺度。水资源可持续利用指标体系分为：质量指标、受损指标、交互作用指标、水文地质化学指标和动态指标。

在国内，以可持续利用为理念进行了大量的多指标综合评价方法研究。刘旺（1999）提出水资源可持续利用评价指标体系中应包含自然生态因素，社会因素，经济因素，在每个影响因素下又存在许多影响因子，但其对水资源的可持续利用评价仍处于初级阶段；左东启（1996）在近 20 年来不同流域和地区水资源评价工作的基础上，提出了自然、人文、经济、管理等方面的包括 47 项评价指标的简要评价指标体系，应用灰关联分析法和专家系统法两种方法，并选取国内 7 个县市为代表进行了试评价分析；1999 年洪阳基于中国城市缺水的历史和现状，运用系统研究的方法，对影响城市水资源系统的自然享赋、供水能力、用水效率和排放处理等子系统因素进行了综合分析，建立了包括目标层、准则层、指标层和方案层 4 个层次的城市水资源系统综合指标体系，并对评价程序和方法进行了理论分析；陈庆秋、薛建枫、周永章（2004）提出了一组测评城市水系统环境可持续性的指标体系，包括自然水体水质达标率、水资源开发利用率、取水水质达标率等指标，该指标体系综合考虑了城市给水、用水和污水排放等系统，有效体现了城市水系各要素的内在联系及其基本特征。总之，国内许多学者从各自的研究领域出发，对水资源可持续利用指标体系进行研究，且尚未对其形成统一的观点。但是，这些指标的选择对于本书指标体系的确立提供了依据。

② 对"水安全"评价指标的研究。目前"水安全"问题也引起了国内外学者的广泛和持续研究。由于我们是在"水资源的可持续利用支持经济社会的可持续发展"的治水新思路引导下，进行的措施效益评价研究，这些反映水资源可持续利用以及水安全状态的指标体系无疑可以作为我们进行效果评价研究的参考。我国学者和专家提出了不少评价水资源安全的指标体系。贾绍凤、张军岩（2002）从水资源社会安全、水资源经济安全和水资源生态安全等几个层面，建立了一套水资源安全评价指标体系；韩宇平、阮本清、解建仓（2003）在对水安全概念充分理解的基础上，选取水供需矛盾、水态环境、粮食安全、饮用水安全、控制灾害 5 个方面共 22 类指标作为评价区域水安全状况的评价指标并且建立了它们之间的层次结构，决策多层次、多领域的问题，指标结构多维、多层次。

2）给排水基础设施。与城市给排水设施的投资效果评价相关的研究主要包括城市供水绩效的评价以及城市供水基础设施的效能评价两方面。

① 城市供水绩效的评价。迄今为止，对城市给排水基础设施的投资相关研究多数仍然停留在定性描述和分析的水平，鲜见成熟的定量化方法。但是其中有关城市供水绩效部分的定量评价研究有所发展，王志良、田景环、邱林（2005）建立了我国 30 个省市城市供水投入产出数据包络分析（Data Envelopment Analysis，简称 DEA）中的 C^2R 模型并使用 Matlab 求解此模型，计算结果可以反映我国城市供水的绩效水平，为城市供水绩效的分析评价找到了适用的定量化方法，该模型基本可以反映我国城市供水绩效水平，但是其不足也是明显的，首先投入产出的关系一般非线性关系，建立线性模型是一种理想假设，此外，其指标集不能较好地反映投入和产出，导致计算结果不甚理想；许煦（2006）同样利用 EDA 方法对各地区城市供水效率进行了比较分析，模型求解的结果反映出一些急需加大城市供水基础设施投入的省份：黑龙江、安徽、河南、陕西四省，西藏和青海两省供水管网长度虽然异常低，但与其高原其后有关，可适当加大投入；其后，王志良、单淑贞、邱林、杨成武（2007）年完善了之前的研究，引入了混沌优化算法对城市供水绩效的 DEA 评价模型优化，其结果与线性求解的结果一致，证明了混沌算法求解 DEA 模型的可行性，但是 DEA 方法的计算结果会因指标选取的不同而导致结果的差别，目前尚无供认的指标选取准则，有待进一步研究。

② 城市供水基础设施的效能评价。除了对城市供水绩效的定量评价外，对本书研究最具参考意义的就是吴次其（2008）对市政给排水管网的综合效能评价，他采取了灰色关联度分析法和熵值权重法相结合的方法，建立了市政给排水管网综合效能评价数学模型，可从其建立的模型判断市政给排水管网建设的情况。

城市水资源和给排水系统是一个复杂系统，因此需要利用多指标的综合评价方法进行研究，此类问题的研究尚属空白。但是我们可以吸取国内外在水资源和给排水基础设施相关评价指标体系的经验方法，特别是作为确定功能评价指标时的科学依据。

（5）城市环境子系统

目前，国外对于生态环境系统也没有一个规范的评价体系，多是从某一个角度对城市生态环境某一个方面进行评价。澳大利亚结合城市水域管理，从城市给排水、污水处理、河流状态、水质变化等方面开展了城市水文生态研究，对城市化给河流、地区水文带来的影响进行了分析评价。美、英等国采用模型预测法，对城市规模扩大、经济增长、人口变化等因素给生态环境造成的影响进行研究与评价，预测环境质量的动态变化，确定保护目标。经过多年的生态研究、保护与治理，生态环境有了明显的改善。自 1976 年以来，美国大气环境中 CO（一氧化碳）浓度减少了 36%，SO_2（二氧化硫）浓度减少了 42%，NO_2（二氧化氮）浓度减少了 11%，首都华盛顿人均绿地达 $49.8m^2$；在英国，昔日污染严重的泰晤士河已逐渐变清，开始鱼虾成群。可见，这些都是对生态环境的评价，少见对环境基础设施的评价研究。

对于生态环境子系统的投资效果评价，国内同样几乎没有学者专门对此进行研究，除了一些对生态环境的评价研究，如刘全友、张遂业（1998）对生态环境现状进行评价，将区域生态环境和区域可持续发展结合起来，从自然资源、生态环境、环境污染和社会经济等方面入手，选取相应的评价指标，建立生态环境综合评价体系；杨秀春、朱晓华（2002）从城市生态发展的角度进行评价，应用层次分析法，从自然环境、灾害、环境污染、社会经济条件 4 个方面确定评价因子，建立生态环境综合评价体系；此后的研究中，胡文（2006）运用横向比较归纳法，通过对国外著名的建筑环境性能评价体系与我国现有的生态住区环境性能评价体系的比较研究，归纳总结出我国现有的生态住区环境性能评价导则中的不足并提出建议，虽然只是一个生态住区的评价，但对研究整个城市生态环境系统的投资评价仍然具有借鉴意义，而对本书的研究起到重要基础作用的则是部分学者对生态环境子系统中的某一方面定性和定量的研究，主要涉及对园林绿化设施和环境保护以及环境卫生设施的投资评价。

1）有关环卫设施投资效果评价的研究。其中，较有代表性的就是张志宏（2006）研究北京市海淀区环境卫生基础设施的现状及存在的问题，并分析了造成环境卫生设施短缺、滞后的原因，尤其提到环卫投入不够，使一些已经规划好的环卫设施因缺乏资金无法落实，但只是定性地进行环卫基础设施的效果评价，缺少相应的定量的分析；此后，邓镓佳、彭绪亚、伍翔、丁文川（2007）建立了城市环卫公共设施项目社会评价指标体系，并应用该指标体系对重庆市主城区公共厕所改造工程进行评价，评价结果与实际相符，其评价的指标体系有很大的借鉴意义，但其研究还是以项目为依托的评价，没有对整个环境子系统进行评价。

2）有关园林绿化设施投资效果评价的研究。古润泽，李延明，谢军飞（2007）研究了北京市城市园林植物吸收二氧化碳（CO_2）、释放氧气（O_2）、增湿降温、滞尘的生态效益及其对应的经济价值定量的计算方法，但本书的研究采用的以园林植物个体的生态效益简单相加来计算绿地群体的生态效益的方法，没有考虑群体自身的综合效益，个体的简单相加与整体之间存在一定的误差；张华、宋宗强、郭镭（2004）利用系统工程理论和主成分分析法，建立起一套定量评价的方法，对园林绿化指标的选取、指标体系的建立、数学模型的构建以及测算方法等进行了探讨和研究，横向对不同城市的园林绿化发展进行评价，纵向对某一城市一定时间段内的园林绿化发展状况进行了评价。这部分学者的研究多数是对园林绿化目前所达到的功能状态的评价，几乎没有结合投资进行的效果评价。

3）有关环境保护设施投资效果评价的研究。多数采用了层次分析法进行综合评价。吴育华、卢静（2006）综合了 AHP 和 EDA 方法，给出了城市环境保护效率评价的指标体系和评价模型，并对 11 个城市环保工作效率评估的实证进行了分析，从评价结果得出某些城市的环保工作的效果差、效率低；何佳（2006）采用了层次分析法对地区环境保护情况进行了综合评价，以地区环境保护情况的各项指标为依据，对各地区的环境保护情况进行比较、分析、评价，最后采用线性加权综合法和非线性加权综合法进行了综合评价和对比分析，其建立的指标体系非常具有借鉴意义；而较为不同的是董小林、曹广华、李娇娜（2006），通过分析环境污染造成的经济损失与环境保护投资的关系，来分析环境保护投资的效果，认为损投比越小，说明城市环境保护效果越好，如果在环境保护投资不变而损投比减小，则说明环境保护投资效果明显，环境投入比较有效。除了定量的评价外，为了更全面的了解环境保护设施投资效果，刘长翠、李奎、孙童（2007）采用了问卷调查的方法，在分析我国环境保护财政资金绩效评价实施现状的基础上，分析和评价了影响我国环境保护财政资金绩效评价效果的影响因素，并对优化环境保护财政资金绩效评价提出了改进措施，其中调查问卷的分析显示，我国环保财政资金绩效评价涉及面不够广泛且不够深入，且在已实施的环保财政资金使用情况的检查中，普遍存在未达到设计生产能力或效益不佳的情况。

（6）城市防灾子系统

在城市基础设施大系统中，防灾子系统对于整个城市的安全运转起着非常关键的作用。防灾子系统在基础设施分类中，属于非经营性基础设施，因而其投资主要依赖于政府投资。城市防灾基础设施主要包括抗震、防洪、消防和人防四种。

当前国内外对防灾基础设施的研究围绕在其特点、性质、现状、发展趋势及建议等。如一些研究者指出由于防灾工程项目外部性的存在导致对防灾工程项目的投资是一种政府行为，城市防灾基础设施开发与管理所需要的费用应该通过公共预算来提供。也有很多研究者深入分析了城市防灾基础设施的现状，总结存在的各种问题，并对问题的解决提出了一些建议，如由于灾害的监测、预报、救助、援建等是由防汛、防火、防震等专业部门和民政、规划、建设等政府职能部门分别承担的，所以应增强城市防灾综合协调能力。此外，也有研究者对防灾基础设施的发展趋势进行了研究，例如，提出建立城市综合防灾体系，其包含对各种城市灾害的监测、预报、防护、抗御、求援和灾后的恢复重建等内容，注重各灾种防抗系统的彼此协调统一指挥，共同作用，强调城市防灾的整体性和防灾设施的综合利用的机制建设等；建立防灾基础设施的政策保障机制、经济保障机制、法规保障机制。也有研究者对防灾减灾与经济社会的可持续发展问题展开了研究。

相比于以上丰富的研究成果，研究者较少涉及防灾基础设施投资效果的评价。在有限的文献中，可以了解到，现有对防灾基础设施投资效果的评价，基本上是将投资前后灾害损失的减少额或其期望值作为效益。在此基础上，有学者提出，由于实施防灾投资使地域的安全性得到提高，带来投资地区土地利用价值的提高，地区选择魅力度增大，促进了家庭、企业等土地消费者的选地行为，因此在计算投资效益时，必须考虑投资对土地利用变化带来的影响。由此可看出，对于防灾基础设施投资效果的评价，应把防灾投资的外部效益考虑进来，这是着眼于对单个项目投资效果的评价。而对于防灾子系统整体上的评价，几乎没有。

由于城市防灾基础设施是纯公共物品，需要政府投资建设，在研究者集中精力研究基础设施社会化运作、开辟多种融资渠道的情况下，对防灾基础设施研究的不足也是可以理解的。综上，对于城市防灾基础设施的研究存在以下特点及不足：

1) 对防灾基础设施的研究大多围绕其特点、性质、现状、发展趋势及建议，尤其是防灾工程技术上，而对于其投资问题，尤其是投资效果，却不受关注。

2) 少量的关于防灾基础设施投资评价的研究，主要是对单项目投资效果的评价，缺乏对城市防灾子系统投资效果评价的研究。

1.3.3　城市基础设施系统层次评价的研究现状

从检索的文献来看，国外尚未发现有关城市基础设施各子系统之间关联效应方面的研究，也未发现利用系统方法从城市基础设施整体层面研究其投资结构的成果。

在国内，对城市基础设施整体投资效果的评价侧重于定性分析，定量化分析研究成果较少。首先，很多学者对城市基础设施与社会经济协调发展问题都提出了自己的见解，申金山、关柯（2000）就城市基础设施与社会经济协调发展的关系存在的各种定量评价方法进行了探讨，并研究了各种评价方法的应用问题；尤丽霞、连军（2001）认为，城市基础设施建设关系到城市经济、社会、资源、环境、人口等各个方面，探讨了城市基础设施与城市大系统中其他要素之间的协调发展问题；章华楷（2003）认为，城市基础设施的建设可以带动和保证城市经济持续、稳定的发展，但前提是在城市基础设施各子系统的建设达到合理比例时，才能使城市整体效益最优。结合国内外经验，通过对浙江苍南县城市基础设施建设投资比例的对比研究，提出苍南县城市基础设施投资占 GDP 的 10%~20%、占固定资产投资 25%~30%时为最佳投资比例；杨军（2003）通过英、美、法、德经济成长过程中基础设施投资结构变动的比较分析，揭示了基础设施投资结构变动规律和产业协调与收入对基础设施投资结构变动的决定机制。在此基础上，逐渐有学者开始关注基础设施六个子系统整体现状的评价研究，吕贵，孙伟圣（2006）提出了基础设施建设过程中六大系统的目标，然后结合基础设施建设评价的特点，建立了区域基础设施建设现状评价的评价模型，最后依照模型，遵循一定的原则建立了区域基础设施建设现状评价指标体系。但是评价体系中也存在着一些不足，例如：指标的选取充分考虑了获取数据的难度，还存在一定不完善的地方。

而与本书研究对象相同的是，史富文（2005）针对北京市基础设施建设的投资效果的研究，其研究符合我国可持续发展战略目标的基础设施建设的多元化的综合评价理论基础和方法以及指标体系。但该研究同样存在着一些不足。

（1）对城市基础设施的分类不够明确

作者在建立指标体系时是试图从广义的城市基础设施范围去对城市基础设施投资进行评价，因此将城市基础设施分为了给排水、交通、能源、邮电、环境和城市社会发展六个子系统。前五个子系统都是从狭义范围上对城市基础设施进行的划分，而社会基础设施子系统是广义上对城市基础设施进行的定义。从前文对城市基础设施定义可以知道狭义的城市基础设施只包含提供物质条件和有形资产的部门和行业的设施；广义的城市基础设施不仅包括有形的物质基础设施，还包括文化、教育、科学技术等无形资产的部分。由于无形资产的特殊性，必然造成了其投资效果与有形资产的大不同，因此其计算方法也不相同。若把二者放在一起，用同样的理论和方法进行计算，难免会带来计算结果的失真。且该研究又将城市社会发展子系统分为了消防、住房和教卫文体三类。消防和住房是有形的设施，而教卫文体是无形设施，二者归为同一子系统有失妥当。为了使研究的对象更清晰，本书研究主要着眼于狭义上的城市基础设施投资效果分析，即从交通、给排水、能源、环境、邮电和防灾六个子系统角度进行评价。

（2）指标权重分析欠全面

该研究运用的是层次分析法进行指标权重分析。层次分析法作为一种定性和定量相结合的方法，对于评价社会科学系统具有较好的适用性。但它忽略了指标与指标之间的相互影响关系，忽略了子系统与子系统之间的相互影响关系。如前所述，城市基础设施虽然分为了六个子系统，但六个子系统之间是一个有机整体，指标之间存在一定的影响关系。因此，这种假设也会带来分析结果的失真。本书研究所采用的网络层次分析方法是在层次分析法基础上改进而来的。它充分考虑了子系统之间、指标之间的相互关系。这将使得研究结果更加科学。

综上所述，国内外对于城市基础设施投资效果的评价大多数还是停留在项目层面的评价上，对子系统层面的评价有所涉及，却很少考虑到子系统之间的相互影响和作用关系，对城市基础设施整体层面投资效果的评价就更少了。但是，对一些相关研究成果的学习、总结，能为评价城市基础设施系统投资效果提供很好的研究基础和方法借鉴，有利于本书在此基础上展开更为深入的分析，建立一个系统的评价体系。

1.4 研究内容和方法

1.4.1 研究内容

本书主要是基于协调的视角，通过模型的建立，对城市基础设施投资效果的系统评价展开研究，为有关政策制定部门或投资主体考核和分析城市基础设施投资效果，制订下一步投资方案提供理论依据和指导。

（1）绪论。阐述本书研究的背景和意义，界定城市基础设施相关概念，对国内外有关城市基础设施项目层面、各子系统层面以及整体层面相关评价研究的文献进行综述，提出本书的研究内容和技术路线。

（2）基础理论及方法。在整理研究思路的基础上，对将要用到的主要理论（可持续发展理论、公共产品理论、价值工程理论、协同理论）和方法（网络层次分析法、模糊综合评价法）的原理以及对本书研究的适用性进行阐述。

（3）城市基础设施建设投资现状及经验借鉴。分析国内外城市基础设施投融资体制改革的历程，以及我国城市基础设施建设中存在的问题，总结分析美国、日本、英国、法国、德国等国家和我国香港、台湾地区城市基础设施建设的经验。

（4）从城市基础设施与城市经济社会发展的系统性以及城市基础设施的系统性两个角度，分析城市基础设施投资效果系统评价的总体分析框架，为后续内容的展开提供基本理论的依据。

（5）综合应用价值工程原理、模糊综合评价法和网络层次分析法，提出城市基础设施子系统投资指数和功能指数的确定方法，构建子系统层面上的城市基础设施投资效果评价模型以及各子系统的功能评价指标体系，从评价指标的选取和评价模型的应用两个方面提出开展城市基础设施子系统投资效果评价的对策和建议。

（6）应用协同理论，对城市基础设施投资的协调性进行分析和评价，构建城市基础设施子系统-经济-社会-环境复合系统协调度模型和城市基础设施系统协调度模型，以评价城市基础设施各子系统与城市经济社会间以及子系统间协调发展的程度。以北京市为实例，对构建的模型进行验证。

1.4.2 研究方法和技术路线

本书采用文献研究法、理论与实证研究相结合的研究方法，采取的技术路线如图 1-1 所示。

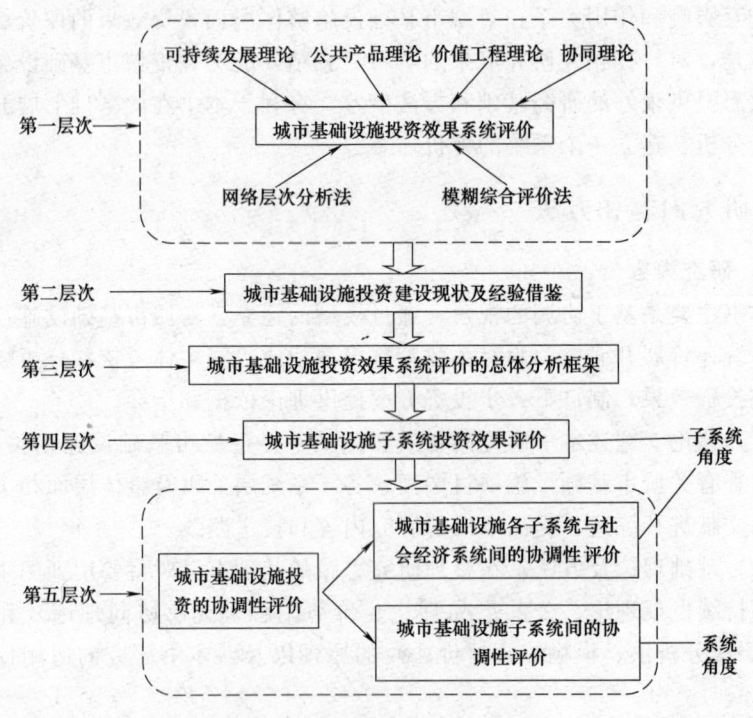

图 1-1 本书研究的技术路线

图 1-1 可以看出，第四层次中的城市基础设施子系统投资效果评价以及第五层次中的各子系统与社会经济系统间的协调性评价，均属于站在子系统角度展开的评价；第五层次中的城市基础设施子系统间的协调性评价，属于站在城市基础设施系统角度展开的评价。此外本书研究的核心内容是城市基础设施子系统投资效果的评价以及城市基础设施投资的协调性评价，二者都会涉及评价指标的选取等关键问题，投资效果评价的原则、评价指标选取的原则贯穿于整个评价过程，因此，在研究之前，先对这两个部分予以说明。

（1）投资效果评价的原则

1）经济效益与非经济效益相结合。城市基础设施投资效果体现为多方面的，有经济性，社会性，环保节能性等，应多方面、多角度、多层次的评价其投资效果，将经济性和非经济性结合起来考察已建的城市基础设施的成功与否。

2）近期效益与远期效益相结合。城市基础设施工程中有些项目近期效益显著，资金回收快，投资风险小，工程寿命短，但整个使用期内效益并不好，也有些近期效益差，资金回收慢，投资风险大，工程寿命长，但整个分析期内效益好，进行效果评价时，要兼顾远期效益和近期效益。

3）定量分析与定性分析相结合。城市基础设施投资效果评价涉及面广，有些指标很难定量，难以依靠历史数据资料进行计算。或虽可计量而结果误差较大，需借助人们的经验与判断能力。只有将定量分析和定性分析结合起来，相互渗透，相互补充，才能比较全面地进行投资效果的评价。

（2）指标选取的原则

1）科学性和实用性相统一的原则。科学性是为适应科学发展要求提出的，不同的发展阶段，其评价的指标应具有各自的特点，应有所不同，不能有超越阶段选择不合适的评价指标，也不能有滞后于现阶段发展的指标，类似于选用"电话普及率"指标来评价现阶段电信系统的投资效果已经没有现实意义了。此外，科学性还体现在指标的选取要充分考量时局、政策，如可持续性、节能环保性、防灾性等应在评价指标中有所体现。具体指标的设置要简单明了，容易理解，尽可能选择那些具有代表性的综合指标和重点指标。

2）全面性和代表性相统一原则。基础设施建设投资效果评价指标体系的构建要全面评价和考核基础设施投资效果，既要考核基础设施投资的经济效益，更要评价其社会、环境效益，从不同角度反映出被评价系统的主要特征和状况。同时，对于要表达的各个体系，指标选择应强调代表性、典型性，避免选择意义相近、重复的指标，使指标体系简洁易用。

3）系统性与层次性相统一的原则。指标体系应能全面反映基础设施建设的各个方面，能够较客观地反映发展水平，又要避免指标之间的重叠性。同时，应根据系统的结构分出层次，并将指标分类，使指标体系结构清楚，便于使用。

4）可比性和可靠性相统一的原则。评价指标体系应具有动态可比和横向可比的功能。动态可比是指基础设施发展水平在时间序列上的动态比较；横向可比是指不同地区在同一时间上对综合评价指标数值的排序比较，说明各地区基础设施发展的不平衡程度。在可比性原则的要求下，统计指标的选择应涵义明确，口径一致，符合国际规范和国内现行统计制度的要求，以保证统计数据的可靠性。

第 2 章　基础理论及方法

2.1　基础理论

2.1.1　可持续发展理论

（1）可持续发展理论的提出

第二次世界大战后，世界一味追求经济的快速发展，经济发展水平和人民生活水平有了前所未有的提高。但人类赖以生存和发展的环境却受到了严峻的挑战。这种挑战主要表现为人口的膨胀、南北差异的加大、能源危机、环境污染及生态破坏等新的更为广泛而严重的矛盾。于是可持续发展这一新的发展理论应运而生了。

一般认为，美国海洋生物学家蕾切尔·卡尔逊（Rachel CarSon）所著的《寂静的春天》一书在 1962 年的问世，标志着人类关心研究生态环境问题的开始。该书向人类发出了警告：要正视由于人类自身的生产活动而导致的严重后果。

1987 年，以挪威首相 G·布伦特兰（Gro Harlen Brundtland）夫人为首的世界环境与发展委员会（WCED）发表了《我们共同的未来》一书，对可持续发展作了明确定义，即"持续发展是以满足当代人的需要、又不对后代人满足其需要的能力构成危害的发展"。这一基于世代伦理基础上的持续发展概念成为目前广泛采用的可持续发展的概念。G·布伦特兰夫人的报告还认为，环境保护、社会公平以及长期的经济增长是相互依赖，缺一不可的。环境问题的解决必须以经济增长为保证，而人类的健康以及自然环境是经济增长的基础。

1992 年联合国环境与发展大会在巴西召开，通过了《里约热内卢环境与发展宣言》、《21 世纪议程》以及《生物多样性保护》等纲领性文件。以联合国环境与发展大会为标志，人类对环境与发展的认识提高到了新的阶段：即环境与发展密不可分，两者相辅相成，表明人类社会思维方式开始从单纯谋求经济增长向注重人类与资源、环境之间的协调发展方向转化。以联合国环境与发展大会为起点，可持续发展被世界普遍接受，其实践活动也开始在全球范围内普遍展开。

（2）可持续发展理论的基本思想

可持续发展的理论演化到今天，主要包含以下基本思想：

1）可持续发展并不否定经济增长（尤其是欠发达国家的经济增长），但需要重新审视如何实现经济增长。要达到具有可持续意义的经济增长，必须重新审视使用资源的方式，并站在环境保护，特别是保持全部资本存量的立场上，转变经济增长方式，使传统的资源消耗型发展模式逐步转变为资源节约型发展模式，从而减轻对环境的压力。

2）可持续发展以自然资源为基础，同环境承载能力相协调。"可持续性"可以通过适当的经济手段、技术措施和政府干预得以实现，目的是减少自然资源的耗竭速率，使之低于资源再生速率。

3）可持续发展以提高生活质量为目标，同社会进步相适应。单纯追求产值的经济增长不能体现发展的内涵，未能使一系列社会发展目标得以实现，还会出现"没有发展的增长"。

4）可持续发展承认自然环境的价值。这种价值不仅体现在环境对经济系统的支撑和服务价值上，也体现在环境对生命保障系统的不可缺少的存在价值上。应当把生产中环境资源的投入和服务计入生产成本和产品价格之中，使产品价格能反映有关的环境成本。

（3）可持续发展理论的应用

1）可持续发展的普遍应用。从1992年里约热内卢环境与发展大会以来，可持续发展理论开始应用于战略实施，对其的研究重心也转向国家可持续发展战略和行动计划及优先项目的研究，更加注重可持续发展理论的实践应用。在欧洲大陆，国际应用系统分析研究所（IIASA）等一些国际组织，着眼于全球和欧洲，进行了生物圈的生态可持续发展"欧洲未来的环境"研究。荷兰、意大利则侧重于帮助政府制定环境可持续发展策略的研究。在英国，学者们从经济学理论出发，结合具体的生态过程，对可持续发展，特别是对发展中国家的可持续发展，进行了定量化的实证研究，给出了许多案例分析。美国一方面从社会体制角度探讨可持续发展；另一方面在为政府制定可持续发展政策方面做了许多有益尝试。

我国的可持续发展研究，紧跟世界研究的步伐，在理论研究的同时更重视可持续发展战略及其实施的研究，生态县建设和社会发展综合实验区建设已进行了十年多，针对我国的国情，进行了许多有中国特色的研究，在理论研究和战略实施方面均作了大量的工作。

2）可持续发展理论在本书的应用。城市基础设施投资建设及运营过程中必须合理开发利用土地资源和石油等重要能源，尽量减小空气污染、水污染、噪声污染甚至是电磁污染的危害，维护地球生态平衡，处理好"人与自然"之间的矛盾，综合提高经济效益、社会效益、环保节能效益是城市基础设施投资效果实现的客观要求。这是因为城市基础设施建设与城市可持续发展的关系表现在城市基础设施在质和量、空间和时间上，必须与城市发展保持协调，即城市基础设施应该与城市的经济、社会、资源和环境等子系统按比例地和谐发展。假如城市基础设施不能够做到与经济、社会、环境三者的高度统一，在或多或少的时间里，这些矛盾不断激化，将会导致既得的或将要得到的经济利益化为乌有。

因此，城市基础设施投资既要不断满足当代人的生活对物质、能量和信息的需要，又要不损害后代人的生活对物质、能量和信息的需要；既要从物质或能量等硬件的角度予以不断地提供，也要从信息、文化等软件的角度予以满足。本书将基于可持续发展的角度考虑城市基础设施的投资效果，综合考虑城市基础设施建设与城市可持续发展的关系。

2.1.2 公共产品理论

（1）公共产品理论的提出

作为在全世界范围内有着广泛应用的一个系统理论，公共产品理论最早诞生于19世纪末的欧洲，源于当时一些奥地利和意大利学者在财政学科的研究中对边际效用价值论的运用。他们的研究工作论证了政府和财政在市场经济运行中的合理性、互补性，形成了公共产品理论。公共产品理论最早、最典型的一批成果中，包括1919年产生的林达尔均衡（Lindahl Equilibrium）。林达尔认为公共产品价格并非取决于某些政治选择机制和强制性税收，恰恰相反，每个人都面临着根据自己意愿确定的价格，并均可按照这种价格购买公共产品总量。因此，林达尔均衡被定义为：个人对公共产品的供给水平以及它们之间的成本分配进行讨价还价，并实现讨价还价的均衡。除林达尔外，公共产品理论的其他代表人物还包括：马费奥·潘塔莱奥尼（Maffeo Pantaleoni）、维克塞尔（Knut Wicksell）、保罗·萨缪尔森（Paul Samuelson）、蒂鲍特（C. M. tiebout）、桑得莫（A. Sandom）、马斯格雷夫（Richard Abel Musgrave）、科斯（Ronald H. Coase）等。

发展至今，公共产品理论已成为当代西方财政学的核心理论，是一种适应国家干预经济的需要而确立的理论。它从理论上说明了政府行为是与政府经济活动融为一体的，从而真正解释了政府与市场的关系问题。

（2）公共产品理论的主要内容和思想

根据公共经济学理论，社会产品可分为公共产品和私人产品两个类别。在公共产品理论框架下，公共产品有狭义和广义之分。狭义的公共产品也称为纯公共品，而现实中有一部分社会产品是基于纯公共产品和私人产品两者之间的。因此，不能归于纯公共产品或私人产品的，统称为准公共产品。广义的公共产品就包括了纯公共产品和准公共产品两个类别。

公共产品理论的中心问题是公共产品的供给问题。相比于私人产品，公共产品具有如下特征：效用的不可分割性和外部性、受益的非排他性、消费的非竞争性。正是因为如此，导致了公共产品供给方面的"市场失灵"，这是市场机制本身难以解决的问题，需要政府来提供公共产品。

（3）公共产品理论的应用

城市基础设施属于公共产品，因此，城市基础设施的投资建设，属于公共产品的供给问题。在公共产品理论框架下，城市基础设施项目可分为三个类别，见表2-1。

城市基础设施项目类别的划分　　　　　　　　　表2-1

项　　目	内　　容	特　　点	投资方式
非经营项目 （无收费机制和资金流入）	敞开式道路、园林绿化、垃圾处理等	市场失效、政府有效	利用政府资金建设
准经营项目 （有收费机制和资金流入，但无法收回成本）	给排水、污水处理、燃气、公交等	市场失效或低效，市场运行的结果不可避免地形成资金缺口，需政府干预	民间投资、外资，政府补贴
纯经营项目 （有收费机制和资金流入，有利润）	通信、电力、收费公路等	可通过市场进行有效配置	民间投资、外资

2.1.3　价值工程理论

（1）价值工程理论的提出

价值工程是伴随着现代化生产的发展而产生的，是从合理利用资源开始发展起来的一门软科学技术和管理方法。价值工程起源于美国，是由美国通用电器公司的设计工程师迈尔斯（Miles，L.D.）于1947年提出的。二战后，物资奇缺，如何有效地利用资源成为重要课题。经过孜孜不倦地探索，迈尔斯发现有一些相对不太短缺的材料可以很好地替代短缺材料的功能，著名的"石棉事件"就是一个典型的例子。接着他又进行了其他代用材料的研究，并逐步总结出一套在保证同样功能的前提下采用代用品降低成本的科学方法。于1947年在《美国机械师》杂志上发表了《价值分析》的论文。在该篇论文里，迈尔斯提出价值工程的最基本理论，标志着价值工程作为科学理论的诞生。

所谓价值工程，我国的国家标准《价值工程基本术语和一般工作程序》（GB 8223—87）中是这样定义的："价值工程是通过各相关领域的协作，对所研究对象的功能与费用进行系统分析，不断创新，旨在提高所研究对象价值的思想方法和管理技术。其目的是以研究对象的最低寿命周期成本可靠地实行使用者所需功能，以获取最佳的综合效益"，其定义指出了价值工程的对象是"凡为获取功能而发生费用的事物，均可作为价值工程的对象，如产品、工艺、工程、管理、服务或它们的组成部分等"。

（2）价值工程理论的主要内容及思想

1）价值工程的核心内容。包括功能、成本、价值三个方面。

① 功能。所谓功能（通常用 F 表示），是指研究对象所具有的特定用途，即研究对象所能满足人们某种需要的属性。具体来说，功能就是功用、效用。一般来说，这里所说的功能指的是必要功能。所谓必要功能，是指产品为满足使用者的要求而必须具备的功能。与此相对的是不必要功能。所谓不必要功能，是指不符合用户要求的功能，不必要功能一般又包括三类：一是多余功能，二是重复功能，三是过剩功能。

② 成本。所谓成本（通常用 C 表示），是指为实现其功能所支付的全部费用，即从产品被设计、生产、使用直到停止使用的经济寿命期间所发生的各项成本费用之和。寿命周期成本包括生产成本（用 C_1 表示）和使用成本（用 C_2 表示）两部分，即 $C=C_1+C_2$。生产成本是指厂商在产品研究开发、设计制造、运输施工、安装调试过程中发生的成本；使用成本是指用户在使用产品过程中所发生的费用总和包括产品的维护、保养、管理、能耗等方面的费用。产品的寿命周期成本与产品的功能有关。一般而言，生产成本与产品呈正比关系，使用成本与产品的功能呈反比关系。

③ 价值。价值工程中所说的价值（通常用 V 表示）不同于经济学中的交换价值和使用价值。价值工程中的价值是指分析对象具有的功能与获得该功能和使用该功能的全部费用之比，是一种比较价值或相对价值的概念，效用或功能越大，成本越低，价值就越大。价值、功能与成本三者之间的关系可以表示为：价值 V＝功能 F/成本 C。从上式看出，价值是产品功能和成本的综合反应，价值的高低是评价产品好坏的一种标准。

2）价值工程的主要思想。价值工程将产品价值、功能和成本作为一个整体同时来考虑，其目标是要以最低的成本实现产品的功能。因此，价值工程的核心是要对产品功能进行分析，要求将产品功能定量化，即将功能转化为能够与成本直接相比的量化值。从价值工程的基本原理公式也可以看出，提高价值主要有以下五种途径：提高价值的基本途径有 5 种：①提高功能，降低成本，大幅度提高价值；②功能不变，降低成本，提高价值；③功能有所提高，成本不变，提高价值；④功能略有下降，成本大幅度降低，提高价值；⑤提高功能，适当提高成本，大幅度提高功能，从而提高价值。

（3）价值工程理论的应用

1）价值工程的应用领域。价值工程虽然起源于材料和代用品的研究，但这一原理很快就扩散到各个领域，有广泛的应用范围，大体可应用在两大方面：一是在工程建设和生产发展方面。大的可应用到对一项工程建设，或者一项成套技术项目的分析，小的可以应用于企业生产的每一件产品，每一部件或每一台设备，在原材料采用方面也可应用此法进行分析，具体做法有：工程价值分析、产品价值分析、技术价值分析、设备价值分析、原材料价值分析、工艺价值分析、零件价值分析和工序价值分析等。二是在组织经营管理方面。价值工程不仅是一种提高工程和产品价值政技术方法，而且是一项指导决策，有效管理的科学方法，体现了现代经营的思想。在工程施工和产品生产中的经营管理也可采用这种科学思想和科学技术。例如：对经营品种价值分析、施工方案的价值分析、质量价值分析、产品价值分析、管理方法价值分析、作业组织价值分析等。

2）价值工程在本书的应用。城市基础设施是指为城市生产和居民生活提供公共服务的工程设施，它包括能源、给排水、交通、邮电、环境和防灾六个子系统。基础设施的建设和运营过程实际上就是一组具有特殊形态和功能的固定资产形成和使用的过程。它与一般固定资产的形成和使用过程一样，投入表现为整个建设期投资和运营期维护成本。从产出来看，基础设施投资的最终产出为基础设施提供的多种功能，不同种类基础设施的产出表现为不同类型的功能。这种功能与价值的比值正好符合了价值工程的工作特点。因此用价值功能来计算城市基础设施的投资效果具有很好的适用性。

2.1.4 协同理论

（1）协同理论的提出

协同学（Synergetics）是 20 世纪 70 年代由联邦德国学者赫尔曼·哈肯（H. Haken）教授提出的。它与法国著名数学家托姆（Rene Thom）的突变理论和比利时学者普利高津（Pringogine）的耗散结构理论一起被人们誉为20 世纪的前沿理论之一。"协同学"这个词汇源于古希腊语，本意是合作，亦即协同作用，哈肯称协同学为"协调合作之学"、"协同工作之学"。协同学有广泛的适应性，在自然科学和社会科学的很多领域中都有它的足迹，受到很多科学家的重视。

协同学在形成和发展过程中创造了一些新的概念，它们是：

1）序参量和相变。描述和处理系统自组织问题，必须建立能够刻画有序结构的不同类型和程度的定量化概念和判据。哈肯把相变理论的序参量概念推广到协同学，解决了这一问题。一般来说，一个系统只有很少几个序参量。当系统从稳定状态演化到线性亚稳点时，一般只剩下一个或极少几个慢变量，这些变量就是序参量。

2）自组织。在一定的环境条件下，由系统内部自发组织起来并通过各种形式的信息反馈来控制和强化这种组织的结构称为自组织结构，相应的描述称为自组织理论。自组织理论是协同学的核心理论，序参量是通过自组织状态来描述的。协同学是形成自组织结构的最根本的内在动力学机制。

（2）协同学的基本思想和原理

1）协同学的基本思想。包括：

① 能发生自组织的系统都是由大量子系统组成的，子系统之间存在协同作用或合作行为，在一定条件下，子系统的集合便能执行很有组织的协调的集体运动和功能，组成系统的子系统可以是原子、分子、光子、细胞、植物、动物，甚至是广义的对象如模式等。

② 对于每个子系统都应合理地写出运动方程，在运动方程中考虑合作效应，即应考虑其他子系统对所考虑的子系统的作用，一个子系统受决定性力的作用同时还受起伏不定的随机力的作用。

协同学的基础是一些最普适的基本理论和方法，它们是：概率论，信息论，随机论，动力论。此外，协同学还与统计学、热力学等密切相关，它以动力学和统计学相结合作为基本方法，由此系统的运动和转变由动力学得出的必然性与统计学得出的随机性共同决定。

2) 协同学的基本原理。协同学的基本原理主要包括三个：不稳定性原理，序参量原理和役使原理。不稳定性在新旧结构转换中起重要的媒介作用，由此产生序参量，序参量又导致役使原理。役使原理包括慢变量原理、绝热消去原理和中心流形原理，它们说明系统在临界点附近的竞争和协同的动力学理论。

按照协同学的观点，协同与有序为一对辩证因果关系，即协同是有序的原因，有序是协同的结果。结果反馈于原因，使得这种协同作用愈加明显与和谐，系统愈加向有序方向演化直至形成稳定的动态结构。这里，协同表征子系统内部各要素或子系统之间相互作用的一种特殊方式，而有序则表征子系统形成结构的趋势及结构稳定性的程度。整体结构从无序到有序的转变，表现在微观层次上，就是部分之间从没有协同转变为高度协同。这样，通过协同与有序这对辩证的因果范畴，就进一步从更深层次上动态地刻画了系统演化或系统结构形成的机制，从而对系统整体性形成的规律较之一般系统理论有了更新的认识。

从一般的方法论看，协同学处理问题的方法是一种综合的方法。它主要从总体上把握对象，重点研究系统中各部分间如何以协调一致的合作来产生整体的结构。

（3）协同理论的应用

协同论具有广阔的应用范围，它在物理学、化学、生物学、天文学、经济学、社会学以及管理科学等许多方面都取得了重要的应用成果。比如我们常常无法描述一个个体的命运，但却能够通过协同论去探求群体的"客观"性质。又如，针对合作效应和组织现象能够解决一些系统的复杂性问题，可以应用协同论去建立一个协调的组织系统以实现工作的目标。协同论应用于生物群体关系，可将物种间的关系分成三种情况：竞争关系、捕食关系、共生关系。每种关系都必须使各种生物因子保持协调消长和动态平衡，才能适应环境而生存。协同论应用于生物形态学，提出形态形成的基本途径是，通过某些化学物质的扩散与反应形成一种"形态源场"，由形态源场支配基因引起细胞分化而形成生物机体。由于协同论强调不同系统之间的类似，因此它试图以远离热动平衡的物理系统或化学系统来类比和处理生物系统和社会系统，所以协同论除设计了许多物理、化学的模型外，还设计了许多生灭过程、生态群体网络和社会现象模型。像"社会舆论模型"、"生态群体模型"、"经络模型"、"人口动力模型"、"捕食者——被捕食者系统模型"、"形态形成模型"等。协同论还探讨了人的大脑中化学图样的形成和求知过程与脑细胞之间的联系模型等。

在本书中，针对城市基础设施投资效果整体评价的问题进行子系统之间协同管理的相应研究，属于"协同科学"范畴，当然，作为城市基础设施这个大系统，其中关于协同的特征，也必然符合协同学理论的一般规律。协同学和协同科学的上述相关研究有很多思想、理念和经验对城市基础设施各子系统之间的协同管理研究和实践提供了很好的借鉴，也是本书研究的重要基础。

2.2 基本方法

2.2.1 网络层次分析法

（1）网络层次分析法的提出

早在 20 世纪中期，美国人萨蒂（T. L. Saaty）就创立了层次分析法（Analytical Hierarchy Process，AHP），该方法目前已在系统决策分析中得到了广泛应用。AHP 方法的核心是将系统划分层次且只考虑上层元素对下层元素的支配作用。同一层次中的元素被认为是彼此独立的。AHP 方法的递阶层次结构虽然给处理系统问题带来了方便，同时也限制了它在复杂决策问题中的应用。在许多实际问题中各层次内部元素往往是依存的，低层元素对高层元素亦有支配作用，即存在反馈，此时系统的结构更类似于网络结构。因此，在 20 世纪 80 年代萨蒂又提出了反馈层次分析法，这是网络分析法的前身。1996 年时萨蒂在"第四届层次分析法国际研讨会"上较为系统地提出了网络分析法（Analytical Network Process，ANP）的理论与方法。真正形成一种完善的理论体系，形成 ANP 方法和概念，是萨蒂的专著《网络层次分析法》。

由此可知，ANP 是在 AHP 基础上发展而形成的一种新的理论方法，既继承了层次分析法考虑各因素或层次之间相互影响的特点，又考虑了不同层次之间的信息反馈与同一层次元素之间的相互依存关系，这样元素间的关系实际上形成了网络结构。网络中的每个元素集都可能相互影响、相互支配，即系统中的每个元素都有可能受其他元素的影响和支配。相对于 AHP

的递阶层次结构，ANP 的网络层次结构更加复杂，既存在递阶层次结构，又存在内部循环的网络层次结构，而且层次结构内部还存在依赖性和反馈性（指低层元素对高层元素具有支配作用）。因此，可以说 AHP 是 ANP 的特例，ANP 是一种更适应实际问题的系统、全面的科学方法，特别适用于存在内部依存和反馈效应的复杂系统。

（2）网络层次分析法的基本原理

ANP 结构首先将系统元素划分为两大部分，第一部分称为控制因素层，包括问题目标及决策准则。所有的决策准则均认为是彼此独立的，且只受目标元素支配。控制因素中可以没有决策准则，但至少有一个目标，是典型的 AHP 递阶层次结构，每个准则的权重可由传统的 AHP 法获得。第二部分为网络层，它是由所有受控制层支配的元素组组成的，其内部是互相影响的网络结构。ANP 的层次结构如图 2-1 所示。

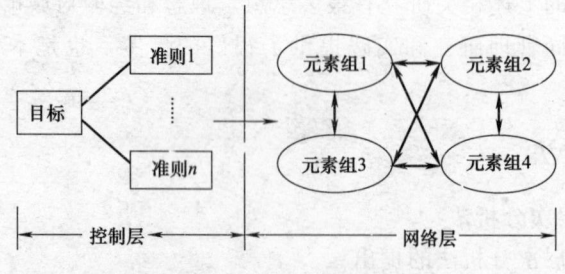

图 2-1　ANP 基本结构

ANP 的决策原理与层次分析法基本相同，唯一不同的是前者建立的是网络结构模型，而后者建立的层次结构模型。由于网络结构模型要远比层次结构模型复杂，因此在权重合成方面，网络分析法应用到了更加高深的数学知识，其中比较重要的概念是超矩阵的应用和分析。网络模型的表示以及权重的合成是网络分析法中最重要的两个方面。

1）网络模型结构。许多决策问题不能表示为层次结构，其中主要是因为这些决策问题中包含各种层次的元素之间的相互作用和相互依存关系。就层次表示来说，往往较高层次的元素会影响（即有相应的重要性贡献）较低层次的元素，而不仅仅是如 AHP，只有低层次的元素会影响更高层次的元素，而高层次的元素不会反过来影响较低层次的元素。这样，在网络模型中，不仅方案的重要性本身决定着标准的重要性，而且标准的重要性也决定着各个方案的重要性。此外，在一定的层次中，元素之间可以允许存在相互依存的关系。

所谓 ANP 的网络是由成分以及连接成分之间的影响组成，成分又由组成成分的元素组成，元素之间也可以存在相互影响，一个成分的元素可以与另外一个成分的元素之间发生相互影响关系，各种相互影响关系均用"→"

来表示，而"A→B"表示成分（或者元素）A受成分（或者元素）B的影响，或者成分（或者元素）B影响成分（或者元素）A。其中成分本身对自己的影响关系称为反馈关系。

ANP中的网络结构用两种形式来表示，一种是图形形式，另一种是矩阵形式。图形形式定性地表示组成网络的各个成分之间的相互影响关系以及反馈关系，而矩阵形式定量地表示相互影响或者反馈的程度或者大小。网络中的成分一般用C_h来表示，$h=1, 2, \cdots, m$，其中的元素假定有n_h个，一般用$e_h(1)$，$e_h(2)$，$\cdots$，$e_h(n_h)$来表示。如ANP中一样，一个成分中给定集合元素对系统中其他成分的元素的影响用优先权重向量来表示，而优先权重向量同样由成对比较判断来得到。网络中的这种影响定量地可以用一个矩阵来表示，网络分析法中称为超矩阵（Supermatrix）。

网络模型的结构可以有各种各样，但都可以用一个网络图和对应的超矩阵来表示。网络图定性地表示所讨论的系统的各个成分之间的相互影响关系，而超矩阵则定量地表示这种相互影响的程度。

2）网络成分之间权重的合成方法——超级矩阵运算。不同水平的各个成分之间以及同一水平同一成分内各个元素之间的相互影响的直接评价可以用网络结构的超矩阵来表示。超矩阵只用来表示决策者对相互成分或者元素之间的直观价值判断或者偏好，它是直接的价值判断。但由于各个成分和各个元素之间存在反馈关系，因此这种价值有间接影响的作用或者反作用。要确定一个元素对最高水平成分中的各个元素或者最高目标的最后影响，需要综合直接与间接影响的作用，形成最终的综合影响权重。这需要在评价直接影响作用的超矩阵的基础上，进行矩阵运算。其中的各种间接影响程度可以通过超矩阵的乘幂来获得。即直观地，综合影响权重应该通过下列运算来得到：

$$W + W^2 + W^3 + W^4 + \Lambda = \sum W^i$$

为了使运算收敛，对超矩阵有一定的要求，即随机性，即使超矩阵的每一列的元素相加为1。这样做的原因是使得累加效应存在且有限。

超矩阵W的形成依据一定的标准，这个标准在网络分析法中称为控制标准（control criterion）。控制标准可以是一个标准，也可以是多个标准，相应地就形成了一个或者多个超矩阵。把含有多个标准的控制标准称为控制层次（control hierarchy）。控制层次也可以根据不同标准的权重合成为一个控制点。当然这种合成也还要有一定的标准，可以称之为超标准（Supercriteria）。

控制层本身是一个层次结构，决定着该网络模型的定量化描述，即超矩阵的确定，需要应用层次分析法的原理进行局部权重的确定以及综合权重的合成。

如前所述，超矩阵 W 中的每一个块 W_{ij} 由第 i 个成分中的元素对于第 j 个成分中元素的影响程度所组成，该块的每一个列向量对应于这样一个权重，这个权重是通过特征向量法或者其他方法用与层次分析法完全相同的程序确定的。

假设得到的超矩阵是一个随机矩阵，否则通过变换把这个超矩阵转化成随机矩阵。可以证明任何一个随机矩阵的任意次幂都是一个随机矩阵。下面来考虑加权超矩阵 $\underline{W}$，$\underline{W}$ 本身给出了决策者对网络中任何一个成分中的任何一个元素对另外任何一个成分中的任何一个元素之间的直接影响程度的价值偏好度量。$\underline{W}^2$ 则给出了决策者对网络中的任何一个成分中的任何一个元素通过第三个元素对另外任何一个成分中的任何一个元素之间的二次间接影响程度的价值偏好度量。依此类推，$\underline{W}^k$ 给出了决策者的 k 次间接影响程度的价值偏好度量。这些直接和间接影响的累加就给出了决策者的综合价值偏好度量。即 $\lim k \to \infty \underline{W}^k$ 正好度量了决策者的综合价值偏好。

总之，给定加权随机超矩阵 W，可以先求它的幂，如果幂收敛，那么我们就把这个收敛结果作为综合权重。否则，如果出现周期性，我们就取平均作为综合权重。这样的计算是相当复杂的，需要编制一定的软件包来完成。

（3）网络层次分析法的应用

1）网络层次分析法的普遍应用。AHP 方法的应用研究已有二十多年的历史，它在各行各业中得到了广泛应用，为人们所熟知。而 ANP 方法产生较晚，其应用研究在国外还远不如 AHP 广泛和深入，在国内更为少见。与 AHP 相似，ANP 通过定性分析与定量计算相结合，把决策者的主观判断和推理紧密联系起来，对决策者的推理过程进行量化描述，因而可应用于求解多准则、结构复杂且不易量化的决策问题，提供科学的决策依据。然而，在描述和分析客观世界中实体关系的复杂性方面，ANP 比 AHP 更为有效。AHP 以实体间的关系可以层次分解为前提，即假设相关实体可以按照上下级实体关系层层分解，下级实体元素是上级实体元素的一个分量，或者是上级目标的分解，反之不然，是单向作用关系，主要用于解决具有线性层次关系的决策问题；而 ANP 以两个实体之间存在相互作用的双向关联为前提，因而更能准确描述复杂的实体关系，在具有非线性网络关系的决策问题中，具有较高的应用价值。基于此，ANP 越来越受到决策者和研究者的青睐，成为对许多复杂问题进行决策的有效工具，而且，随着计算机技术的进一步发展，ANP 的复杂计算过程也将大为简化，使用将更为方便，因此 ANP 法有着广阔的应用前景。

2）网络层次分析法在本书的应用。本书的研究对象是城市基础设施投资，决策的目标即是要改善投资效果。各个子系统即构成了其网络层中的元素组，每个元素组由其子系统中涉及的指标构成。此网络层中元素组内部，或者是元素组之间都存在相互影响的关系。例如交通子系统的发展会产生更多的废气排放，从而影响到环境子系统；能源子系统的发展也会加剧对环境的影响。城市基础设施的这些特性都很好的对应了网络层次法的特点。而且网络层次法在分析问题时，将复杂的社会问题通过模型运算能得出定量化的描述，这是一种较好的将主观分析和客观分析相结合的方法，对于研究城市基础设施投资这类复杂的社会问题具有很好的适应性。

2.2.2 模糊综合评价法

（1）模糊综合评价法的提出

随着社会的发展，人们要求数学研究和解决的问题也日益复杂，复杂的事物是难以精确化的，一个复杂的系统很难用精确的问题进行描述，这意味着对一个复杂的系统，要求建立精确的数学模型是很困难的，甚至是不可能的，这就使数学在自身的发展中，遇到了如何分析和处理复杂系统的难度。所以突破经典数学的一些框框，是使数学得以继续发展的必然要求。同时，随着科学的发展，数学的应用领域也逐渐扩大，各门学科都迫切要求数学化、定量化，而传统的数学却很难进入这些学科，原因是这些学科的大多数概念都具有模糊性，而经典数学是无法描述和处理具有模糊性的概念的，因此需要有研究和处理具有模糊性概念的数学来为这些学科提供新的数学描述语言和工具。在这种背景下，1965 年，查德（L. A. Zadeh）发表了著名的论文《模糊集合（Fuzzy Set）》，第一次引人注目地提出了模糊性问题，给出了模糊概念的定量表示法，模糊数学从此诞生了。模糊数学的诞生，是数学自身发展过程中为适应社会需要的必然产物，它是用精确的数学方法去描述和研究模糊现象的，所以它是精确数学的延伸和推广，它把数学的研究和应用领域，从清晰现象扩大到模糊现象，使数学的发展上升到一个新的阶段。

模糊综合评价法（Fuzzy Comprehensive Evaluation）就是以模糊数学为基础，应用模糊数学理论对现实世界中广泛存在的那些模糊的、不确定的事物进行定量化，从而做出相对客观的、正确的、符合实际的评价，进而解决具有模糊性的实际问题的方法。模糊综合评价法是模糊数学在自然科学领域和社会科学领域中应用的一个重要方面，最早由我国学者汪培庄提出，适用于对多因素多层次的问题的评判。

（2）模糊综合评价法的基本原理

模糊综合评价法是一种对受多种因素影响的事物做出评价的十分有效的多因素决策方法，它运用模糊变换原理和隶属度分析原理，以定性与定量相结合、精确与非精确相统一的方法系统分析并评价具有"模糊性"的事物。由于这种方法在处理各种难以用精确数学方法描述的复杂系统问题方面所表现出的独特的优越性，近年来已在许多学科领域中得到了十分广泛的应用。

模糊综合评价法的基本原理是对原本仅具有模糊和非定量化特征的因素，经过数学处理，使其具有某种量化的表达形式，从而为决策者提供可以进行比较和判别的依据，提高决策的科学性。具体来说，模糊综合评价法以因素（指标）集和评语集为基本要素，在确定因素（指标）隶属函数及单因素（指标）评价集的基础上，构建多级模糊综合评价模型，按层次和隶属关系由下往上逐级进行综合评判，低层次的多因素评价综合形成上一级对应的单因素评价，得出模糊综合评价的最终结果。模糊综合评价法具有如下优点：

1）隶属函数和模糊统计方法为定性指标定量化提供了有效的方法，实现了定性和定量方法的有效集合。

2）在客观事物中，一些问题往往不是绝对的肯定或绝对的否定，涉及模糊因素，而模糊综合评价方法很好地解决了判断的模糊性和不确定性问题。

3）所得结果为一向量，即评语集在其论域上的子集，克服了传统数学方法结果单一性的缺陷，结果包含的信息量丰富。

（3）模糊综合评价法的应用

模糊综合评价作为模糊数学的一种具体应用方法，自问世以来，深受广大科研工作者的欢迎和重视，并且得到了广泛的应用。由于现实世界中亦此亦彼的中介过渡现象的大量存在，所以模糊综合评价法的应用范围较广，不仅包括工程技术领域，更延伸至经济、管理、社会发展等领域。特别是在主观指标的综合评价中，模糊综合评价法可以发挥模糊方法的优势，这使得模糊综合评价法受到越来越多研究者的青睐。本书利用该方法进行各子系统功能指标的评价。

第3章 城市基础设施投资建设现状及经验借鉴

3.1 国外城市基础设施投融资体制

3.1.1 国外城市基础设施投融资体制改革历程

20世纪70年代以来，发达国家采取了一系列政策和措施，开始对城市基础设施体制进行改革。回顾历史，大致可将发达国家城市基础设施投融资体制改革的历程划分为国有化、私有化、市场化等阶段。

（1）国有化阶段

在改革之前，大多数国家都把城市基础设施视为具有自然垄断的社会福利性产品，都侧重于以国有化的方式对城市基础设施进行投资、建设和管理。因此，国有的公共企业在国民经济中占有重要的地位。例如，在希腊，电力工业、铁路运输和邮电部门几乎全部由公共企业经营。美国、日本、荷兰、瑞典虽然程度不同，但也存在类似情形。据统计，这一时期，英国国有企业在国民经济中的比重上升到20%。法国国有企业从战前的11家猛增到103家。奥地利公共企业占冶金部门产量的98%，10家国有企业占全国最大100家工业企业销售额的42%。西班牙的公共企业占全国造船业的80%，交通和通信业的59%。从构成看，公共企业大多集中在燃料、电力、交通、邮政、电信、自来水和钢铁等领域，除钢铁产业外，这些大多属于城市基础设施领域。

到20世纪70年代末，西方国家的国有化达到最高峰。统计数字表明，在70年代全球国有化高峰时期，发达国家国有企业产值占国内生产总值的比重平均在10%左右，国有企业投资占全国总投资的比重平均为20%。例如，法国、英国、意大利、原联邦德国、美国和日本国有企业产值占国内生产总值的比重分别是15%，14%，18%，12%，1%，0.1%；国有企业投资额占全国投资的比重，法国是33.5%，英国是30%，意大利是28%，原联邦德国是22.7%，日本是24.1%，美国是18.4%。

（2）私有化、市场化改革阶段

20世纪70年代末、80年代初，针对城市基础设施领域存在的资金缺口、投资浪费、效率低下、服务质量差等问题逐渐被重视。为做出改善，各国开始筹划在城市基础设施领域进行改革,逐步打破全盘由政府投资、建设并运营管理的局面。其中一项重要举措就是在城市基础设施、公共企业方面推行私有化改革,减少对这些行业的政府管制。通过制定并实施一系列的法规和政策,允许私人、私营机构和企业投资于城市基础设施建设,或将原来由政府负责运营管理的城市基础设施项目交由私人机构和企业负责。

在私有化的过程中,也伴随着市场化的改革。城市基础设施领域的市场化,概括地讲就是打破垄断,引进竞争,通过培育市场经营主体,将原来依靠行政方式组织建设和经营的城市基础设施项目,交由市场主体按市场化方式组织。在投融资、建设、运营管理等环节中引入竞争机制,通过创新机制和加快政府职能转变,实现投资运营主体的多元化,达到减少财政负担、借助社会力量发展城市基础设施的目的。

下文以英国、日本、原联邦德国为例,总结其私有化、市场化改革的历程。

1)英国。英国的私有化改革浪潮,源自于 1979 年撒切尔夫人担任首相后推行的私有化政策。最初,只是向私人、私营机构和企业等出售少数公共企业的股票,如英国宇航公司、英国联合港口公司、国际航空无线电公司等。1984 年后,私有化范围进一步扩大,涉及的部门和行业越来越多,私有化带来的收益也大幅度增加。20 世纪 80 年代的私有化,主要集中于航空、电信、能源、电力、供水、天然气等自然垄断企业。进入 20 世纪 90 年代,私有化的范围逐步扩大,邮政、铁路、运输等部门也被纳入进来。与此同时,公共住房,甚至部分卫生、教育部门也开始了私有化的进程。英国在政府垄断的公共领域中,改变了公共部门传统的集权方式,鼓励私人资本通过竞标承担公共事务,形成了以私人融资活动为特征的低成本高质量的公共产品供给体系。私有化帮助政府收回了投资,增加了税收,同时又减少了支出,长期困扰英国政府的财政问题大大缓解,英国经济从此开始走向复苏和稳定发展的新时期。

2)日本。20 世纪 50 年代到 70 年代,日本的基础设施建设以政府出资为主,各级政府的基础设施建设水平,成为评价官员能力的标准之一。1956年到 1985 年 30 年间,日本政府在基础设施建设上的投资就达到 600 万亿日元,每年用于基础设施建设上的投资占到 GDP 的 3%到 4%左右。仅1978～1980 三年内,日本政府投资于供水、排水、道路三项基础设施建设的资金就高达 23.5 万亿日元。

日本政府从 20 世纪 80 年代起,开始了基础设施领域的私有化改革。1985 年政府国有的电信电话公社和专卖公社实现了私有化,1987 年和 1988年,国有铁路、日本航空和冲绳电力等也完全实现了私有化。20 世纪 90 年代以来,日本经济出现衰退,税收减少,赤字过高,政府负担不起城市基础设施建设和运营维护的巨额投入，城市基础设施建设的主导力量由政府走向民间。即使是政府主导的基础设施建设，也有大量的民间资本注入。例如，东京地铁的经营权被民间资本取得，提升了服务和效率，还顺利扭亏为盈。

3）原联邦德国。联邦德国从 20 世纪 70 年代前期就开始对地方煤炭、水电、天然气、短途交通、屠宰场、城市垃圾清运等实行民营化。联邦德国与民主德国统一后，民营化得以进一步深入。由于国家控股企业 80 年代大部分已被私有化，90 年代德国政府的私有化措施主要是针对公益事业，1994 年公益企业占私有化份额的 60%。政府尤其重视东部地区的私有化进程。通过对东部地区大型国有企业实行拆散出售的办法，使其私有化的进程大大加快。

此外，美国、加拿大、法国、奥地利、荷兰、西班牙、意大利等国家于 20 世纪 80 年代之后，在铁路、石油等领域逐步开始了私有化改革，城市基础设施领域的私有化改革进程也随之开始。传统上由政府垄断经营的基础设施，如航空、电信、电力等，在所有权、结构和经营方面都经历了重大变化。截至目前，吸引非政府资金投资、建设并管理城市基础设施，并减少对这些行业的政府管制，几乎在所有国家得到推行。

各国城市基础设施领域推行的私有化改革，极大地提升了城市基础设施投资、建设和运营管理的效率。首先，由于私有企业产权明晰，风险自担，在竞争压力下，努力降低成本、保证质量，提升了相关企业自身的运营效率。例如，数据表明，英国的供气业在私有化前（1977～1982 年），每年的效率收益为 3%，私有化后（1987～1992 年），这一指标达到 6%；供电业私有化前（1971～1990 年），效率收益为 2.6%，私有化后（1991～1993 年）为 3.1%。其次，城市基础设施的私有化，降低了相关企业的生产和运营费用，提高了服务质量，在为城市居民提供良好服务的同时，也有效提高了其他经济单位的生产和经营效率，从而提高了相关行业的生产力，使城市、国家整体经济收益。例如，城市供水、供电设施效率的提高，确保了用水、用电企事业单位的正常连续发展，避免了因缺水、断电而造成的产量损失和效率下降；城市交通运输和通信的服务效率、服务质量的提高，极大地方便了交易行为，节省了交易费用。

3.1.2　主要发达国家城市基础设施投融资概况

（1）美国

在美国，政府主要提供非经营性城市基础设施，可经营性城市基础设施产品和服务主要依靠民间投资提供，在民间投资方面积累了丰富的经验。

美国实施联邦、州和县三级财政管理，各级政府事权和财权划定以收益范围原则和效率原则为依据。各级政府对城市基础设施投资非常重视，其投资来源主要由联邦政府公共财政支出、地方政府公共财政预算，以及地方政府资信担保下的市政债券融资、私人投资等部分组成。

1）联邦政府公共财政支出。联邦政府主要负责涉及国家全局或需投巨资的公益性城市基础设施项目，并据此向地方政府提供拨款、贷款和税收补贴。例如，对于由联邦政府投资建造的高速公路及一般公路，其维修、重修，以及城市主干道与这些高速公路相接的路段（经交通部批准），均由联邦政府公共财政投资，地方财政提供一定比例的配套资金即可。

联邦政府的财政支持资金，其使用有着严格的规定，专款专用，不准挪作他用，以协调和引导地方政府投资。其拨款方式主要包括两种：一是"整块拨款"，即联邦政府就某一特定项目拨一笔款项，资金数额与地方政府在该项目上的投资额没有关联。二是"按比例拨款"，即根据地方政府的投资额度确定出资比例。一般认为，"按比例拨款"比"整块拨款"更能刺激地方政府对基础设施的投资力度，而"整块拨款"则容易导致地方政府将原定用于该项目的资金挪作他用。

虽然联邦政府对地方城市基础设施的绝对投资额较大，但总的看来，投资比例还是有限的。据统计，20世纪50年代初期这一比例约为20%，1977年升高至40%左右，20世纪90年代又下降到25%左右。据考察，联邦政府投资达到峰值之时，往往是全国性公共基础设施或大型骨干基础设施建设投资频繁之际。

2）地方政府公共财政预算。美国州一级政府，尤其是州以下的地方政府是城市基础设施投资的主角。其资金来源包括税收、基础设施企业的收入、赞助捐赠等。具体如下：

① 基础设施企业的收入。来源于水费、污水处理费、机场使用费（各航空公司交付的着陆费、特许经营费、机场场地租金）、高架道路收费等。此项资金主要用于：基础设施企业自身日常运行的开支；支付市政建设债券的本息；支付大型基础设施项目的投资（只用于对口的基础设施项目，如水费用于供水系统改造）。

② 协作基金。来源于地方税务收入，主要用于城市内部基础设施的日常运行开支，也用于少数基础设施项目的投资。

③ 汽油税收入。美国采用分税制。由州政府收取的汽油税，按一定比例分税给市政府。该项收入用于道路的日常维修（路面维修与维护，清除积雪等），也用于与交通有关的其他项目。

④ 税收增额融资制度（Tax Incremental Finance，TIF）。TIF是近年来美国城市建设经常采用的一种政府融资模式，也称为"税款增量融资法"或称"税收递增财务安排"。政府首先为某一地区的城市基础设施新建或改造提供资金支持，竣工投入使用后，提高该地区内的各项税率，以增加的税收收入回收资金。税率提高的期限，截止于政府投入的资金全部收回，或以

规定的年数为限。政府应用 TIF 方式进行融资，基于如下理论：由于政府投资于城市基础设施的新建或改造，使该地区各行业均受益，因此应将增加的效益以纳税的方式偿付政府投入的资金。这一方式已在美国各地的数十个建设项目中得到使用，其中包括耗资 7400 万美元的华盛顿特区大型购物中心 Gallery Place，以及耗资 5000 万美元的芝加哥大学图书馆扩建工程。

3）市政债券融资。尽管有以上的投资方式，地方政府投资建设城市基础设施的能力仍是有限的。为解决资金困难问题，地方政府和地方政府代理机构通过组织发行市政债券，以较低成本募集了大量社会资金。市政债券是美国城市基础设施建设最重要的融资手段之一，对推动美国城市基础设施建设与发展发挥了重要的作用。

市政债券以政府信用为担保，州及以下各级地方政府及代理机构或授权机构为发行单位。市政债券的品种繁多，主要包括一般责任债券和项目收益债券两大类。一般责任债券由地方政府的征税权力、附加收税、准许收费和特殊收费作为偿还保障，信用等级较高，投资风险较小，安全性高。项目收益债券是地方政府授权代理机构为特定基础设施项目的筹资而发行的债券，并以相关设施的有偿使用收入作为偿还担保，而不是由一般地方政府税收作为担保偿付。项目收益债券主要用于城市建设和公用事业的发展，例如机场债券、综合性体育竞赛和会议中心债券、收费公路债券等，均属于收益债券。收益债券收益率较高，但风险也高于一般债券。20 世纪 70 年代以来，全美收益债券发行总量已超过一般义务债券。

目前，市政债券已与股票市场、国债市场、企业债券市场并列为美国四大资本市场。外国投资者可以根据自己的需要自由选择投资品种，购买市政债券的外国投资者为相关的基础设施项目提供了所需的建设资金。凭借全世界最发达的资本市场，资产的证券化和债券化已成为美国吸引外资进入基础设施建设的重要途径。

4）私人部门投资。私人资本是美国城市基础设施建设重要的资金来源。美国各级政府通过提供优惠政策、转让特许经营权和管理权等方法吸引私人部门投资，形成了多样化的融资模式。较为典型的模式包括 BOT（Build-Operate-Transfer）和 TOT（Transfer-Operate-Transfer）等。BOT 指的是在通常由政府公共部门承担的基础设施领域引进私人资本投资基础设施项目；私人承包商负责项目的设计、融资、建设，并在特定时期内享有该项目的专营权和专营收益，回收成本、偿还债务、赚取利润，期满后由政府无偿收回经营权。TOT 指的是政府将已建成的大型基础设施项目有偿转让给私人资本，政府再将收回的资金投入新的基础设施建设之中；投资方则在某一特定时期内享有该基础设施的专营权和专营收益，经营期满后政府无偿收回该项目。目前，这些融资模式在全世界都有了广泛的应用。

美国政府在非经营性基础设施建设中，会采取各种措施，使非经营性项目转化为可经营性项目，吸引私人部门投资。如公共道路的修建，政府和私人部门达成协议，由私人部门投资建造，政府每年根据通行车辆给其一定的费用补偿，提升了非经营性项目的可经营性。

（2）日本

二战后，为促进经济发展，日本政府把基础设施建设作为一项国策，给予了高度的重视。

在日本，对城市基础设施的投资，从投资主体上看，主要包括中央政府、地方政府、官方代理机构和私营公司完成。一般而言，中央政府负责基本的、跨地方的、核心的基建项目，地方政府负责与居民日常生活直接相关的项目，官方代理机构和私营公司运作那些收取使用费、能够自给自足的基建项目。从资金来源上看，日本城市基础设施建设资金主要来源于政府税收、市政债券的发行、政府和银行的低息贷款等渠道，同时也包括投资建设部门由于税收优惠政策所积累的资金。

就非经营性基础设施而言，其建设资金主要来源于政府的无偿拨款。但随着经济的发展，日本城市基础设施各类建设资金的构成也在发生着变化。随着资金来源渠道的增多，政府税收所占比重呈下降趋势，而财政贷款、发行债券等所占比重逐渐增加。

1）政府财政投入政策。在日本，有以下三种与城市基础设施相关的财政制度：

① 目的税制度。目的税，是指专门用于某种特定支出或国家作为特殊调节手段而设置的税种，如我国的城市维护建设税，专门用于城市设施的维护和建设。缴纳目的税的公民必须是此项特定投资的受益者。日本与道路建设相关的税种包括：汽油税、天然气税、地方道路让与税、轻油交易税、小汽车购买税和汽车转让税。其中汽油税和地方道路让与税最具代表性。

随着日本机动车的快速普及，汽油税在机动车普及与道路建设资金之间建立了良性循环关系。机动车越普及、使用越频繁，缴纳的汽油税也越多，用于道路建设的资金也就越多，极大地推动了城市道路基础设施的建设。

作为让与税的一种，地方道路让与税是日本政府财政转移支付的一种手段，由中央统一立法征收，然后再按一定的标准全部返还给地方，发达地区缴纳的税额可以用于欠发达地区的基础设施建设。经济发达程度不同，地方道路让与税缴纳的额度也有所不同。

② 财政投融资制度。政府税收不能满足城市基础设施建设全部的资金需求，须寻找其他的资金来源。财政投融资是一种利用政府信用筹集资金的有效手段，其概念最早产生于日本，以其独特的作用受到世界各国政府的重视。

在日本，政府通过邮政局、资金运用部和各种政府金融机构组成的非银行公共金融机构，以邮政储蓄、各类保险、年金等形式吸收民间资金，然后放贷给地方公共团体和私人部门，作为城市基础设施开发的资金使用，这就是所谓的财政投融资制度。各地方公共团体和私人部门均采用企业管理体制，即从财政投融资获得资金，进行城市基础设施建设，并负责其运营的管理和投资回收。日本的开发银行就属于财政投融资运作机构之一。

③ 城市规划税制度。日本的城市规划税征得的税收主要用于实施城市规划工程和土地区划整理工程，征收对象为城市规划区域内的土地或房屋所有者，税率在不动产资产总额的 0.3％之内，具体标准由各地方政府决定。设置城市规划税的依据是自己的城市靠自己建，由市区内的土地、房屋所有者出资，市政府统筹安排，逐步改善城市各类设施和环境。

2）税收优惠。为刺激经济增长，日本政府在 20 世纪 50 年代初实施了"租税特别措施"的税收政策来加速企业资本积累的进程。据统计，仅从 1951 年至 1956 年，属于"租税特别措施"的优惠超过了 50 种。租税特别措施最初包括：对出口收入实行特别减税、对出口准备金实行免税、用税率减低利息和红利等内容。后来进一步发展为对重要产业设备加速折旧和对重要产业额外初期折旧，同时还制定了《产业合理化促进法》，对国民经济特别急需添置的那些新设备的制造、试用，免收三年法人税或所得税。这种"高折旧"政策，降低了城市基础设施相关企业的税赋，加速了这些企业的资本积累，提高了这些企业的投融资能力，有效刺激了企业内部的技术更新。

3）发行市政债券。随着城市基础设施建设步伐的加快，日本政府开始通过发行地方债券来为基础设施建设筹资。日本地方债券包括地方公债与地方公共企业债两大类。地方公债是由日本地方政府直接发行的债券，是真正的政府债务。地方公共企业债是由一些特殊的国营法人发行的债券，一般由政府担保支付本息，所筹集资金一般也用于执行政府的经济政策。

日本的地方公债主要用于地方道路建设和地区开发、义务教育设施建设、公营住宅建设、购置公共用地及其他公用事业等。地方公共企业债的使用比较集中，主要用于下水道、自来水和交通运输设施等方面。

（3）英国

英国是城市公用事业私有化改革开展较早的国家之一，在城市公用事业实行政企分离的管制体制后，政府不再直接干预这类企业的日常生产经营活动，企业根据政府颁发的特许经营许可证的有关条款，按照市场经济原则开展生产经营，从而在公共事业领域实现了企业经营机制的根本性转换。

英国政府在私人投资的城市基础设施建设中，扮演组织者和协调者的角色，负责发表大型基建项目的白皮书，作为社会各界的讨论稿。公众听证是法定的必备程序，通过公众参与协商与监督，使项目决策过程公开化。

在英国，除了政府的财政投入外，主要运用 BOT、PFI（Private-Finance-Initiative）和 PPP（Public-Private-Partnerships）等融资模式筹集城市基础设施建设资金。其中，BOT 在前文已有介绍。PPP 模式也称为私人主动融资模式，英国财政部在相关文件中指出：PFI 是公共部门基于一项长期协议，以合同的方式从私人部门购买高质量的服务，包括双方一定的交付成果、相应的维护维修或者建设必要的基础设施，以充分利用私人部门由于私人融资必须承担风险从而产生激励的管理技能。

PFI 模式几乎涉及所有公共领域，如桥梁、道路、铁路、监狱、医院、学校、污水及垃圾处理设施等项目的建设。1997 年工党政府执政后，在 PFI 基础上，创新发展出 PPP 模式。PPP 模式也称为公私合伙制模式，目的是通过公私合作提高公共投资的专业管理水平，拓宽公共融资渠道，延伸私人投资领域，确保公共投资项目的顺利开展和实施。

综上，由于背景和国情不同，发达国家在城市基础设施建设中采用的投资政策和融资手段有所不同。但大致存在如下现象：除财政投入外，采用各种形式吸纳民间资金投资于城市基础设施建设，并为其创造良好的投融资环境；BOT、TOT、PFI、PPP 等融资模式有了较为广泛的应用；市政债券已成为一种使用率较高的融资手段，发行市政债券可筹集大量民间资金；政府除直接投入外，利用其信用筹集建设资金，并对相关企业给予税收等方面的优惠。

3.2 我国城市基础设施投融资体制及存在问题

3.2.1 我国城市基础设施投融资体制改革历程

（1）新中国成立后至改革开放前（1949-1978 年）

在这一时期，我国实行的是高度集中的计划经济体制，城市基础设施建设资金长期依赖政府财政解决，资金的来源是国家预算拨款等。政府以财政手段，把资金从其原所有者中筹集起来，再分配给所需的部门，形成了财政投融资的单一模式。在这种模式下，政府是城市基础设施的直接供给者。无论城市基础设施建设项目的规划和决策、资金的筹措与使用以及项目建成后的管理与运营，均由政府大包大揽。由于对城市基础设施的重要性缺乏认识，加之投资额巨大，政府财力也有限，因此造成城市基础设施建设资金投入不足，城市基础设施功能水平和服务水准长期较为低下，在一定程度上制约了城市经济、社会的发展。由于制度的因素，相关企业经营缺乏必要的激励与约束机制，不能积累资金用于扩大再生产，难以摆脱亏损—补贴—调价—再亏损—再补贴的恶性循环。

（2）改革开放以后至 20 世纪末（1978-2000 年）

1978 年改革开放以后，随着我国经济体制改革的不断深化，城市基础设施建设领域的投融资体制改革也在逐步展开。进入 20 世纪 90 年代以后，为了改变城市基础设施建设领域的政企不分的问题，促进城市基础设施建设事权与财权的统一，提高城市建设的融资能力和城建资金的使用效益，我国很多城市相继组建了城市建设投资公司（简称城投公司），初步形成了以政府授权的公司为主体的市场化城市建设运行模式。城投公司被视为政府融资的平台，其主要职能一般被规定为：接受政府委托，通过对城建国有资产的运作、城市基础设施建设项目的统筹管理，管好、用好城建资金，并充分利用国内外资本市场，多渠道筹集社会资金，加速城市基础设施建设，促使城建资产合理配置和保值增值，最终建立起城建资金"有偿投入、有偿使用、有偿服务"和"自筹、自用、自还"的良性循环机制。

城投公司的出现，使城市基础设施建设投融资体制发生了较为明显的改变。政府开始由城市基础设施的直接供给者转向间接供给者和宏观调控者，投资主体由单一的政府逐步发展为多元化的投资者，投资行为的实施由以行政手段为主开始转向引入竞争机制、主要由市场配置资源。但是，由于长期计划经济体制的影响，城投公司在具体经营与运作上，仍暴露出一些问题。例如，在与政府的关系方面，多数城投公司仍存在政企不分、产权不明的现象，公司的投资者主体地位仍没有完全确立，由此导致投资过程中责、权、利不清，公司利益难以得到保障，束缚了公司的发展。近年来，很多城投公司在经营上进行了积极的探索与改革，上海市城市建设投资开发总公司（简称上海城投）就是一个很好的例子。已从单一的政府融资平台转型为政府投资主体、重大项目建设主体和城市运营主体。

在这一阶段，民间资金逐步被引入城市基础设施建设领域，采取的模式主要包括合约承包、合资、合作、参股、特许经营、BOT、TOT 等。

（3）21 世纪以来（2000 年至今）

这一阶段，在社会主义市场经济背景下，城市基础设施建设领域的市场化改革进一步得以开展。政府逐渐开放了城市基础设施市场，进一步引入了市场竞争机制，市场机制开始发挥重要作用，逐步形成了资本多元化的格局。在此阶段，政府的土地出让收入、银行信贷资金和经营性项目服务收费等方式成为城市基础设施建设资金来源的重要渠道，除此之外，民间资金、外资、资本市场、信托市场等也成为城市基础设施建设资金来源的重要渠道。

3.2.2 我国城市基础设施投资建设存在的问题

（1）资金缺口仍比较大

近年来，我国城市化进程在与工业化的互动中呈加速发展趋势，全国城市化水平以年均 1.5 个百分点的速度增加，相当于每年有近 2000 万人进入城市生活。传统的乡村生活方式需转变为城市生活方式，形成了对城市基础设施的巨大需求，对我国城市基础设施建设提出了新的挑战。按照专家估算的每万人占用 1 平方公里城市用地，每平方公里用地城市基础设施需投入 2 亿元计算，每年仅支持城市化发展的城市基础设施投资就需要 4000 亿元。与此同时，要解决我国目前污水处理和垃圾处理水平低、城市交通拥堵严重、地下管网设施失修老化等问题，每年也需要相当大的投资予以逐步解决。相对于城镇化带来的挑战，我国城市基础设施建设的资金缺口仍比较大。

（2）过度依赖于政府资金

尽管近年来民间资金、外资等已通过各种形式在我国城市基础设施建设领域发挥了较大的作用，但目前不少地区的城市基础设施建设仍依赖于政府资金，由国有企业垄断投资、建设和管理。资金来源的单一性仍然存在，市场机制的作用在有些区域得不到完全的发挥，由此导致了效率的低下以及经营管理方面的不足。

（3）相关制度建设滞后

城市基础设施投融资体制的改革，需要制度层面的保障。例如，吸引民间资金进入城市基础建设领域，在提供盈利空间的同时，还应通过制度建设最大程度地降低其投资的不确定性和风险。

（4）投资决策机制有待完善

城市基础设施项目的投资决策是否科学、合理，对城市基础设施的投资效果有着重要的影响。而在当前我国一些地区，项目的投资决策仍缺乏科学、严谨的前期论证，仍存在依靠决策者意志办事的投资决策方式，出现了项目失败、重复建设等问题，导致了大量的投资浪费。

（5）投资结构不合理，发展不均衡

城市基础设施的投资结构包括区域结构、行业结构、资金使用结构等方面。当前我国城市基础设施的投资结构在这些方面，一定程度上都需要进行改善。首先是城市基础设施投资的区域结构方面，部分经济指标落后的地区与经济发达地区与相比，能够得到的城市基础设施建设资金数额差距较大。从城市基础设施投资的行业结构来看，轨道交通等能够凸显城市形象的政绩工程、形象工程，通常分配到了较多的投资，而一些不显而易见但却需急迫解决的问题，诸如城市排水系统等项目，却不被重视，由此导致城市经济、社会发展受阻。从资金使用结构来看，存在重新建、轻维护的倾向，新建项目能够得到较多的资金，而在项目建成后的维护上，却通常缺乏资金的支持，例如对城市给水管网的维护。

（6）城市基础设施经济效益低下，投资浪费严重

从现有城市基础设施的运营情况来看，仍存在着运行效率不高、投资效益差等问题。2003 年，国家审计署组织对 526 个利用国债资金建设的城市基础设施项目建设效果情况进行了审计，重点检查了项目建设进展和建成后的运营情况。审计结果显示部分项目建设效果比较差，表现为：四分之一项目没能按建设责任书或计划建成；部分已建成项目运营效果较差；部分污水、垃圾项目处理指标不达标；部分项目损失浪费严重。审计结果还显示，在大部分城市中，无论是工业污染防治设施，还是城市水务基础设施，都存在建成后运行不正常的现象，投资浪费严重，同时也造成对环境的污染。到 2006 年底，至少仍有 30 多个城市、约 50 多座污水处理厂运行负荷率不足 30%，或者根本没有运行。

（7）运营管理水平有待提升

城市各类基础设施，实质上构成了支撑城市各类活动的载体。城市基础设施投资效果的好坏，不仅要看这些投资形成了多少实体性的资产，关键是要看这些资产所能发挥的功能水平和服务品质。与发达国家相比，由于我国在城市基础设施运营管理等方面还存在一些差距，因此也导致了我国城市基础设施功能水平和服务品质方面的相对低下。

以我国城市水资源及给排水子系统为例，存在着较为突出的问题。一方面，全球淡水资源日渐匮乏，而经济增长带来的工业污染，却令城市地表水、地下水、近海海域水质遭到威胁，给饮水安全带来了不小的挑战。近年来关于城市自来水的水质问题也引发了不少讨论。2012 年 7 月 1 日起，囊括了 106 项饮用水检测指标的《生活饮用水卫生标准》GB 5749—2006 开始在全国强制实施。按该标准的要求，若自来水从水厂出厂时各项检测指标全部达标，但经过供水管网输送至用户端时，水质却变差了。究其原因，自来水供水管道的锈蚀、破损较多，跑冒滴漏严重，不仅造成了大量水资源的浪费，更影响了自来水的水质。缺乏供水管网的维护与更新投入，是该问题产生的根源。

以城市交通子系统为例，我国很多城市的街道、马路通常都比较宽阔，但道路拥堵现象在很多城市尤其是大城市较为突出，极大地降低了城市工作和生活的效率。而在我国香港、台湾等地区，城市道路虽然较为狭窄，但车辆行驶有序，道路交通状况良好。除了驾车者的素质差异之外，主要在于道路交通良好的运营管理水平以及城市各类交通出行方式的整体优化。

以城市环境子系统为例，生活垃圾处理方面在纵向上有了较大的改善，垃圾分类处理得到了市民和管理机构的重视和认可，但与日本等发达国家相比，我国大多数城市尚未真正实现生活垃圾的分类处理。一些城市的住宅小区，专门设置了分类垃圾箱，便于居民分类丢弃垃圾，但一方面居民嫌麻

烦，未将垃圾分类，而是将其混杂在一起丢弃，另一方面，垃圾处理厂也缺乏分类处理垃圾的能力。

以上问题的解决，需要全社会的共同努力，更依赖于相关管理部门和单位，借鉴发达国家的成功经验，对我国城市基础设施的投资建设作出逐步改进。

3.3 可供我国城市基础设施投资建设借鉴的经验及建议

发达国家和地区城市建设起步较早，城市化率相对也较高，在城市基础设施投资建设方面积累了丰富的经验，对于提升我国城市基础设施投资建设效果具有重要的借鉴意义。下文既是对美国、日本、英国、法国、德国等国家和我国香港、台湾地区经验的总结，同时也是对我国城市基础设施的规划、建设与运营管理，以及各子系统的投资建设提出的建议。

3.3.1 规划、建设与运营管理的经验及建议

（1）同步建设农村基础设施

发达国家在投资建设城市基础设施的同时，对于农村区域的基础设施建设也给予了足够的重视，缩小了城乡之间的差异，有力推动了城乡之间的协调发展。

以北欧为例，在城乡一体化的公共财政制度框架下，逐渐加大对农村社区服务和经济发展的政策倾斜，对给排水、电力供应、垃圾处理、道路设施及通信网络等基础设施项目给予优先考虑。法国以立法的形式，在政府的统筹管理下，吸引多方投资者共同建设农村基础设施。韩国自 20 世纪 70 年代起，开展了一场针对农村基础设施建设的"新农村运动"，在各级政府、农协、企业的管理和投资体系下，韩国的农村基础设施建设水平有了极大的提升，推进了韩国向发达国家转变的进程。

（2）注重前期规划

规划是城市发展的灵魂所在，是城市基础设施建设必须遵循的纲领。城市基础设施建设的规划，对城市发展具有重要的影响。若要想取得城市基础设施投资的良好效果，不浪费资金和资源，首要的条件是有科学、合理的规划。

1）规划的长远性。以发达国家的经验，政府注重对城市基础设施建设的长远规划，与部分发展中国家随意性较强的规划行为形成了鲜明的对比，避免了由于朝令夕改、重复建设、频繁返工所造成的经济上的浪费和可能产生的社会问题。

2）规划的细致性。除了长远规划外，规划的细致性也是影响城市基础设施建设投资效果的重要因素。新加坡在这方面提供了很好的经验。一直以来，新加坡政府将大量资金投至城市基础设施建设领域，取得了良好的建设

效果。目前，新加坡是世界公认的花园城市，城市建设具有极佳的口碑，众多先进、完善的城市基础设施为新加坡经济社会的发展奠定了坚实的基础。新加坡政府在城市规划方面的细致性，是其中一个非常重要的原因。

从 20 世纪 60 年代起，新加坡政府在联合国的帮助下开始了城市发展的概念性规划。经过数十年的发展，新加坡在城市建设领域，已经形成了由规划法令（The Planning Ordinance）、概念蓝图（The Concept Plan）及发展指导蓝图（The Development Guide Plan）组成的较为全面、完整的规划编制体系。规划法令具有法律效力，确立了城市开发建设的总体框架。概念蓝图是城市发展的综合性、长期性和战略性的结构规划，确定了影响空间结构的基础设施的发展策略。发展指导蓝图是在概念蓝图的基础上形成的，是更为详尽的中期分区规划体系。发展指导蓝图包含如下内容：各地区人口对住宅的需要，提供配套所需的商业、工业、交通、娱乐和公共机构的设施，土地的用途，建筑的高度和密度等。新加坡城市重建局（Urban Redevelopment Authority，URA）利用政府、民间以及国外资金和企业，进行城市基础设施建设以及其他城市开发建设活动，以确保发展指导蓝图得以落实。城市重建局将所有土地划分为近千个区块，针对每个区块的土地用途进行了详细的规划，大致包括工业用地、空白用地、居住用地、交通用地、中央商务区用地等五个类别，其中，用于道路交通、公共设施等城市基础设施的地块被单独规划出来，并在开发建设中进行严格监控。新加坡政府每 10 年检讨概念总蓝图，之后才制定较详细的发展总蓝图，为新加坡未来 10 至 15 年的土地发展和基础设施作出规划。例如，新加坡政府在 2009 年 7 月便开始为 2011 年新加坡发展概念蓝图进行新一轮检讨，为接下来四五十年的新加坡进行长期的规划。

3）重视城市基础设施与产业的联结。城市基础设施是城市各行各业生产和经营活动的基本物质载体。因此，若能把城市基础设施建设规划与产业的发展联结起来，将能有效促进城市经济的发展。以纽约为例，作为全球的金融中心，纽约具有发达的通信网络，不仅容量大，稳定性也很强，每天为全美乃至全球数千家金融企业处理数千万宗交易，极大地提升了其全球金融中心的地位。此外，纽约还建立了服务于物流业的先进基础设施，如自动化立体仓库、自动分拣系统、电子订货系统，大幅度降低了库存，提高了物流业的整体运营效率。

（3）完善立项决策及招标管理机制

1）注重立项决策，公众全程参与。城市基础设施的立项决策应是一个复杂的论证过程，而不仅仅是"拍脑门"式的短期行为决策。科学的项目论证，是确保城市基础设施建设投资效果的重要前提和基础。在发达国家，城市基础设施项目的立项，都必须经历科学严谨的程序，决定项目建设财政资源的分配、优先项目的确定等问题。

在美国、英国等发达国家和地区，城市基础设施项目的决策过程本着公开透明的原则，并采取各种措施允许公众表达意见，全程参与城市基础设施建设，公众听证是法定必备程序。例如，在美国，年度城市基础设施项目的初选名单分别由相关主管部门和社区公众平行地提出，由主管部门汇总本部门意见和公众意见后正式提出立项的申请，并举行对全体市民开放的听证会，听取公众意见，之后立项申请交由城市基础设施委员会审定。城市基础设施委员会成员除财政、规划、市政工程及建筑师代表外，还包括社区代表，其数量占成员的多数。

2) 招标过程透明化。以美国华盛顿为例，城市基础设施建设项目主要由"合同和购买办公室"负责，该机构除专业性很强外，对招标过程的管理也秉承着公开化、制度化的原则。例如，为了防止暗箱操作等违法行为，该机构在其网站上专门列出了相关法规执行官员的联系方式。如果有公司或个人依据相关法规，要求官员提供与项目相关的任何信息，该官员必须在 10 天内做出明确答复。相关公司还有权到"合同和购买办公室"查阅与合同竞标有关的文件和材料，付费之后即可复印相关材料。

（4）贯彻低碳经济理念

低碳经济理念自从 2003 年首次由英国政府文件提出，"低碳"概念就迅速延伸至人们生活的各个方面。各国纷纷出台相应的战略规划与政策，开展低碳城市建设。这其中，许多发达国家和地区在城市基础设施规划、建设与管理中，贯彻低碳经济理念，以人为本，精细化设计，有许多值得借鉴的经验。

以纽约市为例，在城市交通、给排水、环境、能源等方面，采取各种技术、经济措施和政策，构建了城市低碳基础设施体系。纽约政府构建了立体化的城市交通体系，推广混合动力型节能车辆的使用，有效限制了地面交通的尾气排放。建立雨水循环利用设施，实行自来水收费上下水双向收费，实现城市供水、污水处理合为一体经营。立法管制垃圾的丢弃回收和综合利用。重视太阳能、风能等可再生能源的开发利用，发展专业节能技术咨询服务公司，推进合同能源管理（Energy Performance Contracting，EPC）服务。

以东京市为例，在城市交通、能源等方面，大力推进低碳城市的建设。面对能源危机，东京大力研究、开发、利用清洁能源，包括太阳能、生物质能、水电、风电等。东京构建了网络发达的轨道交通系统，是大部分上班族和学生早晚出行的重要交通工具，并通过新干线，把东京和周围城市连接起来，使很多人可以在东京工作，却居住在大阪、神户、京都，有效缓解了东京的城市负担。为减少地面交通的尾气排放，采取了多重减排措施，如推广低污染低耗能车辆的使用，针对市区范围内的公共汽车引入生物柴油，提倡生态驾驶，杜绝突然加速与减速行为、飙车与发动机长时间空转，并被编入驾驶员培训教材。

（5）注重设施运行安全和保障

城市基础设施建设投资效果的好坏，不仅体现于规划与建设环节，建成后设施能否安全运行，也是重要的衡量标准之一。发达国家和地区普遍重视城市基础设施的安全性，在自来水水质保证、城市排水设施建设标准、道路和桥梁质量等方面，有很多值得借鉴的经验。

（6）法制化管理

在发达国家和地区，城市基础设施建设投资一个重要的成功经验就是遵循法制化管理，从城市基础设施的规划、设计、投融资、建设，到运营管理等环节，都用法律的形式明确政府、企事业单位、私人的权利和义务。

1）立法约束国家按时付款。以法国为例，在城市基础设施建设中，并不依靠政府的自律，而是以法律的形式规定国家必须遵守的付款期，以保证国家按时付款。在美国也是如此，一切依法办事。如果你向一个美国人提问："拖欠农民工工资怎么办？"他一定会诧异地看着你，给你这样的回答："Put into prison（关进监狱！）"。

2）立法促进广泛合作。在美国、韩国等国家，为吸引非政府资金投入城市基础设施建设，通过立法，促成并规范各种投融资模式，促进城市基础设施建设领域的广泛合作。

以美国为例，通过立法，有效推动了市政债券融资从出现到发展成熟的进程。20世纪70年代以前，在美国，发行市政债券无需按照证券法要求进行注册，也不受定期报告规制的约束。随着个人购买市政债券的不断增多，以及不规范行为频繁发生，美国国会通过了《1975年证券法修正案》，并据此成立了市政债券法规制定委员会（MSRB）。该委员会系独立的自律性机构，由商业银行、投资银行和公众代表15人组成，其职责是提出市政债券市场监管方案，规范券商银行、经纪人和交易商的行为。根据《1986年美国税收改革法案》，用于公路建设、污水处理等公共目的债券的利息收入免缴联邦所得税；用于购物中心、体育馆等私人目的债券虽需缴联邦所得税，但可免缴地方所得税。免税的优惠极大地吸引了银行、各类基金、保险公司以及个人等各类投资者。1989年开始，美国证管会等以法规的形式对市政债券信息披露制度作出了规定。目前，美国已经建立了严密的市政债券监管制度，规定发行市政债券必须由律师出具法律意见书，确认债券的合法性和债务约束力，市政债券的举债规模也受到严格的监督和约束。可以说，在立法的推动作用下，市政债券已与股票市场、国债市场、企业债券市场并列为美国四大资本市场。

在韩国，各级政府积极探索城市基础设施建设的非政府融资渠道，制定了一系列政策、法规吸引民间资金参与城市基础设施建设。1994年出台了

《基础设施吸引民间资本促进法》及其实施细则、《扩充基础设施对策》。通过一系列政策取消了对投资总额附加的限制，放宽贷款限制，准许使用商业贷款，减免多种税收，提供信用担保基金，对建设征地给予支持。此外，通过制定一系列措施，保障民间投资主体在偿还利息后仍能获得一定的收益，在很大程度上降低了民间投资主体的投资风险，为民间资金参与城市基础设施建设提供了良好的投资环境。

3) 立法促成都市圈协调发展。由于日本的国土面积较小，因此在国土规划中，注重都市圈的协调发展，并付诸立法。日本政府于1950年出台了《国土综合开发法》，作为日本国土资源开发利用的基本法，制定全国或者大地区的基础设施建设规划。在大地区开发时，注重基础设施的一体化建设，例如，在开发北海道时，颁布了《北海道开发法》，并在中央政府设立北海道开发厅，负责开发基础设施建设。目前，日本已形成了三个都市圈，即东京圈、名古屋圈、大阪圈，每个都市圈的交通、供水等城市基础设施彼此联结在一起，推动了都市圈的协调发展。

3.3.2 各子系统投资建设的经验及建议

(1) 城市交通子系统

发达国家和地区，在城市交通系统的建设投资中，注重发展城市公共交通，鼓励市民选择低碳、环保的出行方式。主要经验如下：

1) 因地制宜，构建城市公共交通体系。目前，发达国家和地区都已经构建了适合城市自然、经济、社会环境和条件的公共交通体系。以加拿大温哥华为例，市内公共交通系统比较发达，以轨道交通线为主干，包括天铁(Sky Train)、海上巴士（Sea Bus）、公共巴士，以及无轨电车等。轨道交通站点都和巴士站点相连，换乘比较方便。其中，天铁也称为空中列车。与我国许多城市盛行的地铁相比，天铁有许多优势，如造价低、工期短、管理方便等，非常适合于空地较多、高层建筑较少的温哥华。

2) 城市道路规划保证公交优先。为提升公共交通的效率，以吸引市民乘坐，一些发达国家和地区在城市道路规划方面，确立了公交优先的道路使用原则。

以英国为例，城市市区内的道路主要包括 A、B 两级路，其中 A 级路为主干道，B 级路为次干道，在绝大部分 A 级路和部分 B 级路上都设有公交车道。由于英国实行右舵左行，通常最左边的车道被辟为公交车专用道，并被涂成红色，印有"公交车道"字样，以对司机作出提示。每条公交车道都配有一定密度的标识牌，明确标示允许使用公交车专用道的车辆种类、车道运行时间等。通常，允许公共汽车、自行车和出租车使用公交车专用道。由于不同地段的车流量不同，因此，公交车专用道的运行时间也各有差异，在伦敦，有的是早晚高峰时间，有的是整个白天，有的是 24 小时运行。统计数据表明，在拥堵路段每行驶 10 公里，在公交车道上行驶的汽车比其他车道上的车辆快 7～9 分钟。

3）城市道路使用低碳优先。城市公共交通是一种低碳环保的出行方式，各国采取了各种措施，鼓励人们选择公共交通出行。此外，一些国家和地区为了控制道路交通流量，制定了道路使用的低碳优先政策。

例如，美国加州的洛杉矶，是美国最大的集合城市之一，奉行低密度扩散型的土地使用政策，大部分居民并不住在市中心，居民点分散在面积很大的土地范围内。与其他城市相比，洛杉矶的城市公共交通网络并不发达，因此，私家车是人们出行的主要交通方式，交通拥堵和空气污染问题也日趋严重。为治理这些问题，洛杉矶政府制定了道路使用的共乘优先政策。具体做法是，在高速公路上辟出共乘车专用道，只要一辆车中人数超过三人（含三人），即可在专用车道上行驶，以此鼓励人们共乘一辆车。只有 1～2 人的汽车，则只能在拥堵的普通车道上，看共乘车专用道上的汽车疾驰而去。

为了方便陌生人之间的共乘行为，洛杉矶专设了一间共乘车道办公室，在高速公路两侧明确标示出该办公室电话。若有人需要其他人共乘，只需拨打该办公室电话，告知上下班时间和行车路线，工作人员会帮助寻找到相同方向的人士，促成共乘行为，共乘一辆车的人员共同分担汽油和汽车损耗费用。

4）城市道路和公交系统设置无障碍设施。城市无障碍设施，通常包括盲道、缘石坡道、建筑物和人行天桥（地道）的轮椅坡道或电梯等。为方便老年人、残疾人等的出行，欧、美、日等发达国家和地区在城市道路和公交系统建设中，设置了完善的无障碍设施体系。虽然很多发展中国家也设置了无障碍设施，但在使用上，其功能的发挥仍有局限性。而在发达国家，由于立法保障、资金投入保障等措施，无障碍设施的功能得以充分发挥。

以美国为例，在 20 世纪 50 年代末期就提出了无障碍设计的要求，是全球第一个制定"无障碍标准"的国家。发展至今，已建立起多层次的立法保障，在城市道路、交通设施等方面已做到全方位的无障碍设施建设。例如，交通十字路口都装有过街信号按钮装置，专供残疾人使用；电梯里的按钮位置较低，且楼层都有盲文标记。

在加拿大温哥华、多伦多等城市的街头，经常可以看见牵着导盲犬或手持盲杖的视觉障碍者、以轮椅代步的行动不便者和老人，顺畅地参与各项社会活动，这在很多无障碍设施落后的发展中国家是很难见到的。这是加拿大城市道路和公交系统无障碍设施水平的最好体现。例如，温哥华的公交车采用超低车厢设置，方便老人和乘坐轮椅者乘坐，特别是，公交车车门设有特殊装置，能够将轮椅平稳地抬进车厢，为行动不便者出行带来了极大的方便。

5) 公共交通换乘方便。对城市公共交通服务水平的衡量，不能仅考察公共交通覆盖率，公共交通工具彼此之间换乘的便利性，也是一个重要的指标。

在日本，轨道交通是东京市民出行的首选交通方式，据统计，东京轨道交通日均客流量居世界之最。除覆盖率高外，东京轨道交通各路线的换乘也很方便，几乎 99％ 的地铁线路换乘都不需要走上地面寻找入口，在 3～4 分钟之内均可完成换乘。

法国巴黎的轨道交通也很发达，几乎覆盖整个巴黎市，每个地铁车站出入口都设有许多公共汽车站，以方便乘客换乘。

6) 公共交通系统智能化管理。在发达国家和地区，公共交通系统实现了智能化管理，在提升管理水平的同时，也为乘客出行提供了极大的方便。

在英国，交通管理部门道路监控设施将道路交通及车辆行驶状况及时反馈给公交车驾驶员，保证驾驶员及时获悉交通运行状况。此外，公交车站电子显示屏上详细标有不同线路的公交车目前所在位置，预计到达车站时间，乘客可以据此选择交通方式，避免盲目等车。

在台北，智能型手机的逐渐普及，为人们选择公共交通出行提供了方便。台北的公交车安装了 GPS 卫星定位系统，市政府发行了一款免费的软件"台北好行"，有 iPhone、Android、Windows Phone 几种版本，只要在该软件里选择公交车动态，再输入公交车路线，即可获知下一班公交车到达的时间，避免了乘客盲目等车。

7) 差别票价调节公共交通客流量。为调节高峰时段城市公共交通的客流量，发达国家和地区制定了差别票价制。以英国为例，同一天之内，不同时间段的票价是不同的，高峰时段的票价高，非高峰时段票价低。对于出行时间有弹性的市民，可根据实际情况选择搭乘公共交通的时间。

8) 道路规划方便步行和骑自行车。在各种交通方式中，步行和骑自行车不仅低碳环保，对人的身体健康有益，而且还能有效避免道路拥堵，提高出行效率。对出行距离较短的市民而言，步行或骑自行车是比较理想的选择。因此，在一些发达国家和地区，在城市道路规划时，考虑到这类需求，专设了步行道和自行车道。在欧洲一些国家，以及我国香港，城市步行道、自行车道、机动车道是严格分开的。即使街道并不宽阔，但由于实行人车分流，彼此之间互不干扰，既方便了市民步行和骑自行车，也提高了机动车出行的效率。

以德国为例，在城市道路规划时，较为注重城市地面非机动车交通方式，建设了较多的步行道、自行车道。德国的自行车道被刷成不同的颜色，如彩带一般镶嵌于道路两侧。自行车道专门设置了交通信号灯，车道下埋设了感应器，用以辨识接近的自行车。当骑行者到达交叉路口时，信号灯会指示机动车停下，自行车优先通过。这种做法，既方便了市民，也有效缓解了地面拥堵。

总的来看，发达国家和地区城市交通系统建设发展时间比较长，道路交通设施相对完善，注重精细化管理，以人为本，低碳环保，公共交通设施比较完善，服务品质相对较高。

（2）城市水资源及给排水子系统

1）自来水水质好。水是生命之源，自来水更是与每一个人的健康生活息息相关。在美国、欧洲、日本等发达国家和地区，自来水的水质普遍较好，大多可直接饮用。这些国家和地区为保证自来水水质，在水质标准、生产、运输、监管等各个方面，采取了严格的措施。

世界卫生组织在2005年出台了《饮用水水质准则》，欧盟在1998年出台了《饮用水水质指令》，美国环境保护署出台了《国家饮用水水质标准》。这是世界上最具权威性的三大饮用水标准，是各国制定水质标准的重要参考依据。通过执行严格的自来水标准，欧盟国家、美国等发达国家的自来水都达到了直接饮用的水平。

在1955年以前的日本东京，自来水供水管道普遍使用镀锌管材，1955～1980年间，大量使用塑料管和钢塑复合管。尽管自来水的水质问题和管网漏水问题有所缓解，但仍不能满足要求，20世纪70年代的管网渗漏率曾达到40%，水质也仍令人担忧。经过10多年间展开的大量试验研究，从1980年开始，从输水辅助干线到水表之间，凡直径50mm以下的供水管道材质全部采用不锈钢，1982年又开发了不锈钢波纹管，并制定了相应的标准，将自来水输水管道和建筑内给水管道不锈钢的使用推入了标准化轨道。由于不锈钢水箱和管道具有高强度和优良的耐冲击性能，因此，不锈钢化不仅能解决管网渗漏问题，保证自来水运输过程中不出现二次污染，还增强了城市供水系统的抗震能力。如今，在日本东京，不锈钢供水管普及率几乎已达100%，所有住宅区全部安装了不锈钢管道。

在美国，供水企业被要求实时公布水质，公众可通过网络查询水质信息，为公众监督自来水水质提供了途径。欧盟1998年出台的《饮用水水质指令》规定，欧盟国家必须向社会公布检测数据和结果，发布水质年报。为保障水源的安全，德国各地都建立了水源保护区，在含水层周围划分了三级水源保护地带。德国联邦卫生部规定，自来水公司每年都必须出具水质报告，居民可以随时打电话索取。在人口密集的大城市，水质监测不是一天一次，而是一小时一次。在英国，若居民发现家里自来水变色，有权向自来水公司索赔。

当然，在发达国家和地区，享受可直饮的优质自来水，需要巨额的投入，因此公众需承担高额的水价。

2) 积极利用雨水。在很多国家，尤其是发展中国家，雨水一直被当做垃圾扔掉，大雨来临，人们总是希望尽快将雨水排走。实际上，在淡水资源日渐短缺的情形下，若能加以合理利用，雨水将成为大自然赐予人类的美好礼物。美国等发达国家，在城市基础设施建设中，注重对雨水的回收利用。以纽约为例，制订了绿色基础设施计划，雨水管理是其一项重要内容，绿色屋顶、蓝色屋顶（可蓄雨水屋顶）、生物洼地、透水路面砖和多孔管道建设等，都在计划之内。在该计划的推动下，以前被看成是废弃物的雨水已经成为一种资源，得以在屋顶和街道的绿化种植得到再利用。在芝加哥市，通过提供减税奖励，鼓励市民在自家庭院放置雨水桶；对混凝土人行道进行了改造，换成渗透性强的透水材料，以让雨水渗入地下。

3) 城市排水系统发达。在法国、美国、日本等发达国家，城市排水系统建设比较早，为防范城市内涝，其设计和建设采用高标准，例如，巴黎为"五年一遇"标准，纽约为"十至十五年一遇"，东京为"五至十年一遇"。需要说明的是，一年一遇是指每小时可排36mm雨量。巴黎和纽约的城市排水系统，虽已经历百余年的历史，却仍然保持着强大的排涝功能。而建成于2006年的东京圈地下排水系统，更堪称牢固、先进的典范，守卫着东京免遭内涝灾害。

近代城市下水道的雏形脱胎于巴黎的排水系统。巴黎的下水道总长度达2300多公里，是全世界最负盛名的排水系统，也是当今世界唯一可供参观的排水系统。在该排水系统中，水道纵横交错，均位于地面以下50m。下水道非常宽敞，中间是宽约3m的排水道，两侧是宽约1m的便道，供检修人员使用。除了其宽敞值得称赞外，巴黎城市排水系统的清洁度也颠覆了人们对排水道的传统印象。下水道四壁非常整洁，毫无赃物和异味，甚至可与地面街道相媲美。

看过《007》系列、《碟中谍》系列、《忍者神龟》、《侠胆雄狮》等影视剧的观众，一定会对纽约的地下道有着深刻的印象。在电影、电视剧高度工业化的美国，堪称地下城的纽约地下道成为影视剧的常客。纽约是世界上最早建造下水道的城市之一，位于地下9～60m，总长10600km，宽敞明亮，拥有强大的排水能力和污水处理能力。

东京圈排水系统，也被称为首都圈外围排水系统，建于琦玉县春日部市国道16号沿线的地下约50m处，是为了防止集中豪雨而采用地下盾构进式建造的巨型隧道，其规模堪称地下宫殿，是国际上最先进的城市排水系统。该排水系统由内径10m左右的下水道将5条深约70m、内径约30m的大型竖井连接起来，前4个竖井里导入的洪水通过下水道流入最后一个竖井，集中到由59根高18m、重500t的大柱子撑起的长177m、宽78m的巨大蓄水池"调压水槽"，最后通过4台大功率的抽水泵，排入江户川河，最终汇入东京湾。2006 年，该排水系统建成后，当年即发挥了良好的效益，该流域遭水浸的房屋数量由最严重年份的 41544 家减至 245 家，降低了 99.4%，浸水面积由 27840 公顷减至 65 公顷，减少了 99.8%，对首都圈的防洪泄洪起到了极大的作用。此外，鉴于烹饪产生的油污会导致异味及腐蚀排水管道，因此，不允许将其直接导入下水道中。东京下水道局倡导居民用报纸把油污擦干净，再把沾满油污的报纸当做可燃垃圾处理，并采取措施推广少油的健康料理食谱。

4) 污水处理变废为宝。城市生产和生活产生的污水不仅气味难闻、污染水道，而且治理成本也比较高。在发达国家和地区，对污水的处理，有一个普遍的特点，那就是变废为宝，包括对雨水的充分利用、处理后的污水和污泥的综合利用和再生水循环利用等。

以纽约为例，其正在进行的一项计划，将大量的淤泥、甲烷与废水等副产品作为潜在的可再生能源来开发。纽约居民每天会产生 10 多亿加仑（1 加仑约合 3.79L）污水，污水处理厂处理后会残余 1000 多吨淤泥，这些废物往往最后被送往垃圾填埋场填埋。在该计划下，这些"垃圾"可出售给买家，用于生产清洁能源气体，也可用于肥料、建筑材料、铺路等传统领域，纽约市环保部门的角色也从环保管理者转变为能源生产者。

（3）城市环境子系统

1) 垃圾精细化分类。能否适当、有效地处理城市生产、生活垃圾，是城市环境基础设施水平的重要体现，也是城市文明程度的重要标志。在日本等发达国家和地区，在垃圾的精细化分类方面，为其他国家做了良好的示范。

在日本，对垃圾有着多层次的分类。大致可分为可燃类、不可燃类、资源类、有害类、大型垃圾等，每一类型都可细分为多个子类，甚至可再进一步细分。有的城市可将垃圾分成四十几类。可燃类垃圾，主要是指厨余、吸油纸、贝壳、蛋壳、破损纺织品、绷带、创可贴、草木以及其他规格不超标的可燃物等。不可燃类垃圾，主要包括金属、陶瓷、橡胶、小型废旧电器、传统钨丝电灯泡、CD、雨伞、毛绒玩具等不可燃物。资源类垃圾，主要包括纸类、布类、塑料类等可回收的垃圾。有害类垃圾，主要包括干电池、荧光棒、水银体温计等。大型垃圾主要包括家用电器、家具，以及自行车、音箱、行李箱等大体积垃圾。以一个空矿泉水瓶为例，瓶盖、标牌腰封、瓶身分属三类，须分别进行投放。

对以上分过类的垃圾，日本有着严格的规定，需要用指定颜色的垃圾袋对各类垃圾进行包裹。可在各大超市购买到各种规格和颜色的垃圾袋，其价格并不便宜。对于大型垃圾的处理，需要打电话预约，并须支付一定的费用。与我国几乎无成本的扔垃圾行为相比，在日本，扔垃圾的成本让人难以想象，但这正体现了"谁污染、谁治理"的原则。

在日本，一周中的每一天都规定了当日可扔掉的垃圾种类。垃圾回收的时间是固定的，每类垃圾一周都有一次回收的时间，错过了就要等下一次。厨余垃圾较为特别，由于会产生异味，在日本被称为生垃圾，一般每周有两次回收的时间。有些家庭为了避免异味，甚至将厨余沥水包裹好后，冷冻保存，在指定时间扔掉。垃圾要扔在指定区域（一般是一栋建筑物专门准备的一小块空间），日本的环卫部门在指定时间（一般为早晨8点）沿街清理一次，收集居民扔掉的垃圾。如此严格的垃圾分类程序，日本人必须遵守，否则将面临巨额的罚款，并可能会在住区落下个坏名声。

在我国台湾地区，由于历史的原因，其垃圾分类与回收情况与日本极为相似，城市环境得以美化，为大陆居民垃圾分类行为的规范化树立了标杆。

2）注重对垃圾的循环利用。在日本，精细化的垃圾分类，为垃圾的循环利用提供了可能。日本的垃圾处理站就叫做资源循环站，充分体现了日本垃圾处理与利用的理念。垃圾经过分类处理后，变废为宝。例如，分类后的报纸可用来生产再生纸；饮料瓶、罐和塑料等可被处理后做成产品；有的垃圾可用于火力发电；有的垃圾可提取出金属成为工业原料；最后剩余的垃圾渣用来铺路和填海。日本著名的娱乐区——台场，有一半就是用垃圾填埋的。

除了对垃圾的有组织循环利用，日本人也将这种理念渗透于生活的各个方面。例如，家庭主妇们会将超市里盛装蔬菜的塑料盒清洗干净后再送回超市。她们也会购买一种凝固剂，用于凝固厨房废油，并将其用报纸包好，作为可燃垃圾处理。

3.3.3 提高城市基础设施管理水平的对策和建议

无论从投资决策还是从运营管理的角度来看，城市基础设施的管理水平都对城市基础设施的投资效果产生重要的影响。城市基础设施是一个大系统，涉及很多门类，而当前我国城市基础设施分属不同条块的部门管理并且缺乏统一协调，各自为政，造成职责不清、政出多门、政策不一、争权夺利、推诿责任等弊端。因此，为从根本上改善城市基础设施投资效果，应对城市基础设施管理的各个方面进行科学管理，健全机构，理顺权责，从而提高城市基础设施投资的效益水平，确保城市基础设施有效地发挥其在国民经济和城市经济社会发展中的作用。

（1）健全城市基础设施管理机构

城市基础设施管理机构是城市基础设施管理的主体。由于城市基础设施涉及的行业较多，内容十分复杂，所以城市基础设施的管理机构也相应地呈现出多样性和复杂性的特点。但多样性和复杂性并不一定意味着混乱。当前，针对我国城市基础设施管理较为无序的特点，必须建立健全以下机构：

1）专业管理机构。城市基础设施由六个子系统组成，各个子系统本身又由许多环节和方面组成。从事各个子系统或子系统内部构成部分的专门设施管理的机构就被称为专业管理机构。例如，公用事业管理局、市政工程管理局、环境保护局、园林管理局、环境卫生管理局、邮政局、电信局、交通局等。

2）综合管理机构。城市基础设施虽然由各专业管理机构管理，但整个基础设施的协调有序运转的任务是专业管理机构承担不了的，这个职能应该由城市政府来承担，但城市政府本身职能较多，不能直接管辖，所以就有必要设置综合管理机构对城市基础设施统一管理。综合管理机构既是城市政府的职能部门，对市政府负责，又是城市基础设施各专业管理机构的上级机关，发挥综合、宏观管理作用。我国城市基础设施的综合管理机构主要有城市建设委员会和规划建设委员会以及大中城市设置的市政管理委员会。如城市建设委员会的职责主要是制定相关法规制度和规划方针，组织和协调重大工程设施建设，指导和协调城市基础设施各方面的管理等。

3）协调机构。由于城市基础设施系统性较强，一个方面的管理工作需要其他各方面的配合。但是，各专业管理机构本身的权威性不够，要求其他专业管理机构的协调时往往力不从心。另外，城市基础设施管理和城市其他各项管理也需要相互协调，发挥综合效益。这时就需要设置跨部门、跨行业、跨领域的协调性机构，使得某一方面或几方面工作在整个城市良好开展。例如，城市交通管理委员会便是城市交通管理的协调性机构，一般由分管的副市长或市政府副秘书长兼任主任，以增强权威性，把相关的公安、交通运输、工商等部门的负责人纳为成员，以此协调各部门之间的横向联系与合作，对全市的交通进行统一规划、统一部署和统一管理。

以上是城市基础设施管理机构的性质分类，由于各个城市在规模上、性质上、功能上、地域上的差别，可以根据实际情况确定自己的基础设施管理机构数量和职能，但一般应该包括以上三种类型。

（2）强化城市基础设施管理机构的职责

城市管理机构确立后，就要用法规制度的形式对其权力职责和权益明确划分，从而避免各机构之间相互扯皮，增加内耗，降低效率。在这个基础上还要强化城市基础设施管理机构的职责，使各管理机构各司其职、各负其责，真正发挥作用。强化城市基础设施管理机构的职责，具体来说主要有以下几方面：

1）制定城市基础设施发展的方针和规划。根据国家关于城市发展和基础设施管理等方面的政策和法规要求，结合各城市的实际情况，认真研究城市基础设施管理方面的法律法规、方针政策，通过政策制定程序使之合法化，为城市基础设施的发展创造良好的制度环境。城市基础设施的建设和管理应该是规划在前，制定规划的依据是城市的地域特色、规模大小、城市经济和社会发展目标等。城市基础设施的规划包括：战略规划，确定城市基础设施发展的战略地位、战略重点和实现发展的大体途径；中观规划，这是战略规划的具体化，制定城市基础设施发展的具体目标和具体措施；具体规划，对近期的城市基础设施建设和管理的各项条件的准备和完成做出具体的计划安排。

2）拟定城市基础设施管理的各项法规。城市基础设施的管理也要运用法律，依法管理。城市基础设施管理机构应当根据国家颁布的法律法规，结合基础设施的特点，通过立法建立起法律、条例等一系列法规，规定经营者和用户在城市基础设施运行和使用过程中的权利和义务，规定各种管理机构在各项基础设施管理活动中的权利和义务，以及违反规定所要承担的责任。这类职责一般包括：参与制定有关城市基础设施建设与发展的法规；草拟和制定城市基础设施管理的专门法规；制定和颁布城市基础设施系统内的各级各类企事业单位管理的相关规章制度；草拟和颁布城市基础设施的技术规范和一般标准等。

3）组织和协调城市基础设施的投资建设和发展。城市基础设施的投资建设和发展牵涉到方方面面，城市基础设施的管理机构应当做好人力、物力和财力的合理分配，做到综合开发建设，统一管理；协调城市基础设施和其他产业的关系，协调城市基础设施内部的关系，协调长期规划和近期目标、宏观和微观的关系等。

4）强化城市基础设施管理决策的信息系统。信息系统对决策至关重要，它收集的情报和提供的咨询是正确决策的保证。城市基础设施要实现科学化、现代化管理，就必须建立信息系统，增强信息系统的功能。信息系统主要负责收集信息，储存信息，分析信息，为城市基础设施的管理决策提供咨询，设计方案供领导抉择等。

5）加强对城市基础设施投资建设和管理的执法检查和监督。关于城市基础设施管理的各项法律法规和规章制度，以及城市基础设施的规划，都需要严格执行。我国许多城市书面规定和规划不少，但没有严格贯彻下去，造成管理混乱，丧失法规的严肃性。因此，城市基础设施的管理部门不仅平时在审批各种项目时要严格把关，而且还很有必要组建相应的执法队伍，对有关基础设施的法规和规划执行情况进行经常性和临时性的检查，对发现的违法行为要毫不姑息，追究责任，予以纠正。确保法律的权威性，确保城市基础设施的建设和管理能够协调统一地开展。

第4章 城市基础设施投资效果系统评价的
总体分析框架

　　城市基础设施是支撑城市各项生产、生活活动正常进行的基本物质保障，因此，对城市基础设施投资效果进行系统评价，不能仅对城市基础设施项目、子系统的投资效果进行单一、独立地评价，应基于整个城市大环境，综合考虑城市基础设施与城市经济社会发展间的系统性，在此基础上，对城市基础设施的系统特性进行分析，以进一步完善本书中城市基础设施投资效果系统评价的理论分析框架。

4.1　城市基础设施与城市经济社会发展的系统性分析

4.1.1　城市基础设施与城市经济社会发展间的一般关系分析

　　（1）城市基础设施与城市经济社会发展间的循环关系

　　城市基础设施的出现和发展，可以追溯到城市发展历史的早期阶段。自从人类聚居而出现城市以来，为了满足生活的需要，逐渐形成了处于原始状态的城市内部道路、给排水等设施，但在当时的社会生产条件下，对这些设施的建设和使用，仅处于无序、低效的状态。随着城市经济、社会的发展，人类的各种活动对城市基础设施的需求也有了更多元、更高级别的需求，新的技术与手段、设备不断出现，并被持续应用于城市基础设施建设中，促进了新的基础设施部门的形成与持续发展。工业革命对科学发展及社会变迁产生了极为重要的影响，对城市基础设施的最终形成与完善发挥了关键性作用，是促使城市基础设施向社会化、系统化、专业化生产的决定性因素。

　　发展至今，城市基础设施已成为城市经济、社会发展的物质载体和支撑条件，而城市经济、社会的发展又是完善城市基础设施系统的内在动力机制，二者相互关联，互相影响，互相作用，如图4-1所示。

　　由图4-1可知，通过建设、完善城市基础设施，需投入资金、劳动力和技术等生产要素，这样就将资源聚集到城市中来，能够推进城市新型产业的不断扩大和发展，提供更多的就业岗位，促进城市人口的增加，使得城市经济、社会能够得以发展；城市经济、社会的发展，会促进消费品工业与服务业的发展，同时有利于扩大对外贸易，从而可使地方财富得以增加；税收增

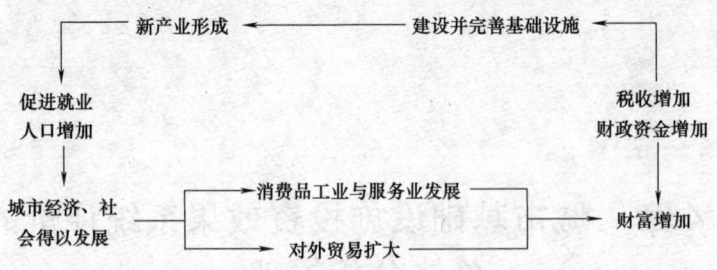

图 4-1 城市基础设施与城市经济、社会间的关系

加使得财政资金得以增加,从而有更多的资金用于建设更加完善的城市基础设施。这样,就形成了一系列良性的发展循环。城市基础设施和城市经济、社会系统在不断的循环和积累的过程中,由弱到强,逐步形成并发展壮大。因此,可以认为,城市基础设施建设与城市经济、社会增长(或者说发展)间具有良性循环发展的关系。

(2) 城市基础设施对城市经济、社会发展的影响

城市基础设施为城市经济、社会系统运行提供了物质基础和城市居民生活的外部物质环境,不仅直接影响到城市的生产和消费,而且具有许多或正或负的外部效应,与城市经济、社会发展具有复杂的联系。城市基础设施对于整个城市经济、社会系统的运行、发展和城市居民的各种活动等都会产生重大的影响,体现在以下方面:

1) 城市基础设施对城市经济增长的影响。城市基础设施对于经济增长的贡献是多方面的,主要体现在以下方面:

① 向前诱发效应。城市基础设施建设需要巨额投入,需要相关部门或产业提供必需的资金、原材料、劳动力、技术、服务等,通过大幅度增加生产资料的消费,可以带动相关部门产出的增加,促进前序部门的发展,从上游产业环节拉动经济增长,从而带动经济发展。2008 年,为应对美国次贷危机带来的威胁,我国实施的四万亿投资计划,很多都是投入于基础设施建设领域,正是基于城市基础设施的向前诱发效应。

② 伴随效应。在加大城市基础设施投资的同时,城市基础设施各部门的生产能力也得以提高,服务水平得以提升,从而使各部门的资本积累增加。如城市基础设施各产业部门所创造的国内生产总值,城市基础设施各部门由于投资增加而导致的职工福利与消费、劳动力就业的增加等。

③ 后续波及效应。城市基础设施对城市经济、社会发展的后续波及效应是指城市基础设施建成后,通过为城市生产和生活活动提供便利条件,如道路的贯通、管线的铺设、环境的改善等,改善了投资环境,吸引资本流入,降低生产成本,提高经济、社会效益等,带动工业、农业、商业、旅游业等其他部门发展,从而拉动经济增长的效应。

以上这三种效应，最终都表现为城市基础设施投资带来的国内生产总值的增加。

关于城市基础设施与城市经济、社会发展之间关系的定量化研究，已经有一些学者进行了尝试。根据我国各省、市、自治区的资料和数据，刘德顺等学者计算出交通运输等几类基础设施与人均国民收入之间存在着不同程度的相关关系，见表4-1。

各类城市基础设施与人均国民收入的相关系数　　　　　　表 4-1

交通运输	0.9038	能源供给	0.7921
邮电通信	0.9325	环境保护	0.7826

由表 4-1 可知，各类城市基础设施水平与人均国民收入间的相关系数都比较高。尽管由于影响人均收入的因素是多方面的，不能因此而简单地认为城市基础设施水平与人均收入（或经济增长）之间存在着直接的因果关系，但可以得到这样的结论：无论是从城市基础设施各子系统来看，还是从城市基础设施整体来看，与整个城市的经济增长都有着密不可分的联系。

2）城市基础设施对城市生产率的影响。城市基础设施对提高城市生产率的影响主要表现为两个方面的共同作用：一方面，一些城市基础设施（如城市交通子系统、邮电子系统、能源子系统、水资源及给排水子系统）提供的产品和服务可作为中间产品直接参与城市生产过程，这些中间产品为各类生产活动提供了物质基础条件，提供了最大的便利，并且使得利用这些中间产品的企业享受到规模经济的好处，有效降低了生产成本，提高了生产率；另一方面，一些城市基础设施，决定和影响着参与生产的劳动者的素质、技能、效率，从而间接提高了城市的生产率。从这个角度讲，城市基础设施的存在和发展，是城市得以形成聚集经济并使城市成为现代社会生产活动最主要载体的重要原因之一。

反过来看，企业如果无法利用或无法正常利用城市基础设施产品和服务，那么只能选择成本更高的替代品，则可能会导致生产率和利润因此下降，对于经济的可持续发展也不利。实质上看，城市基础设施水平滞后（如清洁能源利用不足、电讯干扰、供电不稳定、交通堵塞等）所带来的成本的增加是多方面的：首先，它包括生产停滞而导致的直接成本、原材料及设备的损耗，继而导致企业生产能力降低、生产效率下降等问题发生；其次，城市基础设施供应的清洁能源不足，或者根本不供应，使用者只能使用污染更大的传统能源，不利于经济的可持续发展。

3）城市基础设施对城市环境的影响

① 城市基础设施建设与环境质量。这里的环境质量是指一定范围内环境的总体或环境的某些要素对人类生存、生活和发展的适宜程度，也可理解

为自然环境构成的诸要素（空气、水体、土壤、生物）之一或环境整体受到污染的程度。城市基础设施建设对环境质量的影响可能为正，也可能为负，主要取决于各种城市基础设施的特征及其替代品的特征。主要有三种表现形式：

第一种，如图 4-2 （a）所示，主要是针对城市交通子系统而言的。当这类基础设施增加时，环境污染会随之不断加重，环境质量下降。因此，要重视这类城市基础设施对环境质量的影响。但是，如果要采取措施，控制或减少其污染物的排放，费用比较高，因此，容易导致控制措施的缺失而带来的对环境的破坏。

第二种，如图 4-2 （b）所示，主要是指城市环境子系统、防灾子系统和水资源及给排水子系统的情况。这类城市基础设施本身就与环境改善密切相关，因此这类设施的增加有利于改善空气、水体、土壤等要素构成的自然环境，并且会带来较为明显的改善。

第三种，如图 4-2 （c）所示，主要是针对城市能源子系统的特性而言的。城市能源子系统中，电、煤气、天然气等能源之间是可以相互替代的，城市清洁能源的使用，可以大大改善城市空气的质量。因此，随着城市能源子系统的不断建设和人们对环境问题的深刻认识，造成环境污染的一些能源会逐步被清洁能源所取代，环境质量会有所改善，这主要依赖于能源利用结构的改变和环境治理技术的提高。

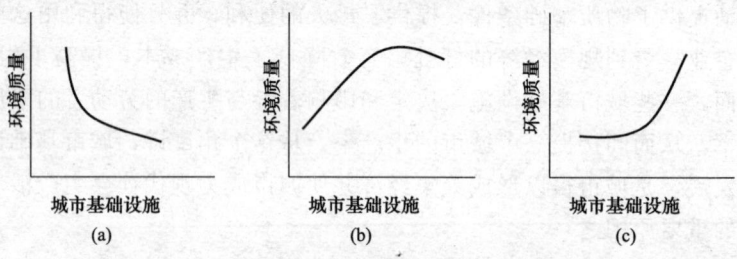

图 4-2　城市基础设施与环境质量的关系

② 城市基础设施与城市投资环境。城市投资环境是一个综合的概念，它包括地理区位、资源的丰裕程度、政策环境、城市基础设施环境、经济、社会、市场等宏观环境。吸引投资者来本地投资，首先需要营造一个良好的投资环境。改革开放后，我国很多地区通过提供土地、税收等方面的优惠政策，营造了有吸引力的投资环境，吸引了众多的外国投资者，有效促进了经济的增长。但不可否认的是，个别地区盲目的招商引资，造成了生态环境的严重破坏。因此，营造良好的投资环境，不能仅靠无底线的优惠政策，而在一定程度上应依赖于完善、安全、稳定的城市基础设施产品和服务。

前文已经提到，城市基础设施建设，会对城市的环境质量产生影响。如果这影响是正的外部效应，会提升城市的环境质量水平，对投资者具有较大的吸引力；另一方面，如果城市基础设施建设形成了负的外部效应，则会降低城市的环境质量水平，不利于吸引外来资金。除此之外，功能完善的城市基础设施，若有利于降低产品的生产、运输和销售成本，则会对投资者形成较大的吸引力；反之，若城市基础设施功能缺失，则会降低企业各项经济活动的效率，不利于吸引、留住投资者。

综上，城市基础设施是城市投资环境的重要组成部分，可以为营造良好的城市投资环境发挥较大的推动作用。

4）城市基础设施对城市居民福利的影响。由于具有公共产品的特征，城市基础设施具有社会福利的性质，对于城市居民来说，表现为居民福利。城市基础设施对居民福利的影响，主要体现在三个方面：首先，城市基础设施系统所提供的产品和服务，对居民而言，具有基本的消费价值；其次，城市基础设施系统所提供的产品和服务，方便人们出行与工作，能够提高劳动生产率，从而有利于增加居民的未来收入；第三，城市基础设施会影响到人们所拥有的财富量的大小。

① 城市基础设施在居民消费过程中所体现的消费价值。城市基础设施所提供的产品和服务，作为最终产品而被居民消费，是城市基础设施提供给居民的最直接的福利，直接影响居民的生活质量。

首先，城市基础设施的 6 个子系统，能够满足居民不同层次的需求。其中，城市能源、水资源及给排水子系统满足居民的基本生活需求，是居民消费中的必需品，城市交通、环境、邮电子系统则是满足居民生活中更高层次的需求，随着居民收入水平的提高，对这类城市基础设施产品和服务的需求会迅速地加。城市防灾子系统是满足居民生命财产安全需求的各类设施。能够充分享受到城市基础设施产品和服务的居民，意味着得到了较高的福利，反之，那些无法享受到城市基础设施产品和服务的居民，或者得到的只是较差的城市基础设施产品和服务的居民，其福利水平相对较低，因此会导致其生活水准相对较低。因此，各国政府和各个城市，都应把建设完善的城市基础设施系统作为发展经济、解决贫困的重要途径。

其次，作为提供给居民的直接福利，城市基础设施为居民消费其他类别的产品和服务提供了可能或前提。如果没有必要的基础设施作支撑，则会影响居民的其他消费行为。例如，如果电力供应不足、不稳定，会影响对家用电器的消费；如果道路破旧或拥堵，则会影响居民对汽车等交通工具的使用，降低已购买消费品的使用效益。

第三，城市基础设施所提供的产品和服务的价格会影响居民的福利水平。如果基础设施提供的产品和服务的价格过高，居民将面临三种选择：要么减少其他产品的消费，要么减少对城市基础设施产品和服务的消费，要么选择替代品。无论是哪一种选择，都会降低居民的福利水平。

② 城市基础设施对居民劳动生产率的影响。一定程度上看，居民的收入与其就业情况、就业中的劳动生产率有关。城市基础设施系统完善与否，将会影响居民生产和生活的效率，进而对就业产生影响。例如，完善、便利、舒适的公共交通，相较于拥堵不堪的公共交通，不仅可以缩短居民的在途时间，还会给居民提供工作前后的休息环境，进而可以提高其工作效率。城市邮电子系统可以实现信息的即时、便捷流动，减少居民因传统的信息交流方式而耗费的时间和成本。

③ 城市基础设施对居民所拥有财富的影响。基于土地的固定性，城市基础设施投资行为会对周边区域的土地价值和交通环境产生影响，进而间接影响到居民的财富。例如，城市轨道交通沿线的房地产会大幅升值，居住在此区域内的居民在房产价值方面的福利就会有一定的提升。

（3）城市经济社会发展对城市基础设施需求的影响

1）城市基础设施的需求主要取决于城市经济社会发展水平。城市基础设施为城市生存和发展提供基本的物质支撑，不仅可以降低企业的生产成本、提高居民的劳动生产率，改善自然环境和投资环境，增加城市居民的福利水平和拥有的财富，直接或间接地推动城市经济、社会的发展。简而言之，城市基础设施是城市各种活动的物质载体，城市的性质、功能、经济及社会发展水平等多种因素共同决定了对城市基础设施建设的需求，因此，不同国家或同一国家的不同城市，对城市基础设施建设的要求不可能完全相同，建设标准也因此不同，不能千篇一律。

决定城市基础设施建设需求的因素主要包括城市人口规模、城市性质、城市功能设施、城市基础设施存量、科技进步水平、城市人均收入水平等。

① 城市人口规模。城市基础设施具有承载性，必须与城市的产业结构和人口规模相适应。城市人口规模是决定城市基础设施需求水平的基本因素。人口的增加对城市基础设施产生三方面影响，导致需求的增加：一是对城市基础设施提供的直接服务的需求增加，如自来水供给、公共交通服务、垃圾处理需求量的增加等；二是人口增长会带来经济活动规模的扩张，从而要求城市基础设施直接、间接提供的服务需求增加，如能源需求的增加，道路建设需求的增长等；三是人口的增加使得城市面积在一定程度上有所扩张，必然形成对城市新区配套基础设施项目的需求。从实际数据看，城市基础设施的需求与人口增长之间呈现同向变化。

② 城市性质。城市性质决定着城市基础设施的需求水平和城市基础设施的投资结构。对于具有商业、旅游性质的城市而言，必然对服务性基础设施形成更多的需求，而对于工业城市而言，对城市能源供应、交通运输系统则有着有更高的需求。

③ 城市功能设施。城市基础设施的需求还取决于城市各类功能设施的水平和结构。这里的功能设施包括城市工业设施、商业及物流业设施、建筑业设施等。城市各类功能设施的发展与现代化，要求提供更高质量、更加完善的现代化城市基础设施服务。

④ 城市基础设施存量。城市基础设施的建设与完善总是建立在一定的存量基础上的，城市存量基础设施的负荷能力，决定着新增城市基础设施的数量和结构。

⑤ 科技进步水平。科学技术进步因素既影响城市基础设施的需求，也影响到城市基础设施自身的性能和品质。科技进步一方面能引起城市经济结构、城市布局、城市功能、城市体系、城市间关系等方面的变革，从而引起对城市基础设施服务需求的变化；另一方面，科技进步也使得城市基础设施自身发生变化，并形成了新的需求。例如，在城市邮电子系统中，由于信息技术的巨大变革，家庭固定电话的重要性日益降低，而移动通信成为可能，并逐渐发达。

⑥城市人均收入水平。随着城市人均收入水平的提高，城市居民的需求层次也有所提高，需要更加健康、安全、舒适的生活环境，对园林绿化、公园等设施的需求会有所增长，对饮用水的水质也会有更好的要求。

综上，作为一个整体，城市基础设施的需求可以表述为：

$$D = f(P, C, F, Q, T, I) \tag{4-1}$$

其中，D 为城市基础设施水平，P 代表人口规模，C 代表城市性质，F 用来代表城市功能设施，Q 代表基础设施存量，T 代表科技水平，I 代表人均收入。

以上因素在一定程度上反映了城市经济、社会发展对城市基础设施建设的需求，但是，城市经济、社会的发展对城市基础设施的需求不仅限于上述因素决定的水平，而且，城市基础设施的建设和发展必须超前于城市其他设施的建设和发展。也就是说，城市经济、社会发展对于城市基础设施建设具有超前需求，发展速度越快、现代化程度越高的城市，这种超前需求越强。

2）城市经济社会发展对城市基础设施建设具有超前需求。由上文可知，城市经济、社会发展对于城市基础设施建设具有超前需求，主要表现为城市基础设施的建设容量，必须具有提前量和留有余地。这样，会使得对城市基础设施的利用强度有一个从小到大的渐变过程。在这个过程中，城市基础设施的投资效益与利用强度成正比例增长，直到一个上限位置。利用强度超过这个上限，城市基础设施投资的经济及社会效益不仅不会继续提高，反而会产生负效益，即经济及社会效益的下降。也就是说，如果城市基础设施长期处于超负荷状态，即使利用率很高，不仅不会保持城市经济、社会的增长，反而会阻碍城市经济、社会的发展。但从另一方面来看，城市基础设施投资建设的超前性并不是盲目的、无条件的，取决于对城市经济、社会发展的科学预测和合理规划。否则，不顾国家和城市发展实际情况和条件，不计经济后果和环境后果，会造成不可弥补的损失，阻碍城市经济与社会的发展。

4.1.2 城市基础设施与城市经济社会发展间关系的系统表述

（1）城市基础设施与城市经济、社会均为城市大系统中的子系统

从系统论的角度看，城市是一个典型的、复杂的大系统，它包含着微观的和宏观的、静态的和动态的、内部的和外部的、时间的和空间的、物质的和精神的多种组成因素。这些因素相互关联、相互作用，构成了城市系统的整体性。

在城市系统中，有许多功能子系统，比如本书所研究的城市基础设施与城市经济社会系统就是其中的两个子系统。既然如此，就可以用"系统"的观念来研究和表述城市基础设施与城市经济社会二者之间的发展规律。

（2）系统的协调与发展

对于系统而言，它有着发展的要求，城市大系统和城市基础设施、城市经济社会两个子系统都不例外。发展，是指系统或系统组成要素本身从小到大、从简单到复杂、从无序到有序的变化过程。然而，由于发展是系统或系统要素本身的一种深化过程，所以某一系统或要素的发展，可能是以其他系统或要素的破坏甚至毁灭作为其发展条件（例如，城市经济发展常以城市环境的破坏为代价），也可能是以其他系统或要素的发展为基础条件的。不论是以破坏其他系统或要素为条件还是以其他系统或要素的发展为条件，都必须树立一种兼顾各方、"和平共处"、共同提高的多元发展观，而要实现多元发展，就得树立协调的观念。协调不同于发展，它是两种或两种以上系统或系统要素之间的良性的相互关联，是系统之间配合得当、和谐一致、良性循环的关系。繁荣的经济与通达的运输体系、充沛的能源供给等，即是协调的集中体现。系统处在不断的动态变化之中，只有系统或系统要素协调有序，系统的发展才可得到保证并达到优化状态。因此，对于系统，一般都会强调它们的协调发展。其实，所谓"协调发展"，就是"协调"与"发展"概念的交集，是系统或系统内要素之间在和谐一致、配合得当、良性循环的基础上，由高级到低级、由简单到复杂、从无序到有序的总体深化过程。在协调发展的运动过程中，发展是系统运动的指向，而系统则是对这种指向行为的有益约束和规定。协调发展追求的是一种齐头并进、整体提高、全局优化、共同发展的美好前景。

（3）城市基础设施与城市经济社会发展之间的协调发展关系

作为城市系统中两个子系统的城市基础设施与城市经济社会，它们之间具有系统的协调发展关系。具体来说，一方面，城市基础设施作为城市经济与社会活动的支撑系统和承载体，其承载能力必须与城市经济社会活动所产

生的需求压力（包括前文提及的"超前需求"）相适应，才能保证城市活动有条不紊地进行和经济社会的不断发展；另一方面，由于城市基础设施比普通产业的经济效益相对较低，因此，脱离生产需要和城市经济社会发展的国内外条件，不顾城市经济与社会能力，不计经济后果地发展城市基础设施这一子系统，同样会造成经济损失，延缓经济的发展。也就是说，在一定的资源约束条件下，城市基础设施在不断建设和发展中形成承载能力，在时间和空间上，在数量和质量上，必须满足城市社会经济活动的需要，达到与城市经济社会协调发展的水平。否则，对于城市经济社会的发展乃至整个城市的发展来说，城市基础设施应有的基础作用、促进作用将会变成"瓶颈"作用、障碍作用。

4.2 城市基础设施的系统性分析

由前文分析可知，作为城市系统中两个子系统的城市基础设施与城市经济社会具有协调发展的关系，这在一定程度上体现了城市基础设施的系统特性。从另一个角度来看，若要实现城市基础设施与城市经济社会间的协调发展，依赖于城市基础设施系统自身的完善，这是促进城市经济社会健康快速发展的前提条件，而这需要由科学、合理、有效的城市基础设施投资来实现，不仅体现在基础设施项目、各子系统的投资效果上，还体现在基础设施投资结构上。因此，首先需要对城市基础设施的系统性进行分析，以进一步分析制约城市基础设施系统自身完善的因素。

4.2.1 城市基础设施的系统构成及其特征分析

城市基础设施是一个有机的综合系统，也是城市大系统中的一个分系统，其系统性不仅通过显而易见的城市道路网、电网、自来水管网、煤气输配管网等各类设施自成体系的网络表现出来，而且表现为城市基础设施的各个分类设施系统之间的密切联系，形成城市内部一个相对独立的系统，即城市基础设施各子系统。前文已对城市基础设施的概念进行过界定，城市基础设施包括城市能源子系统、城市水资源及给排水子系统、城市交通子系统、城市邮电子系统、城市环境子系统、城市防灾子系统等六个子系统，每个子系统由各类基础设施项目构成，共同构成城市基础设施系统。城市基础设施的系统构成如图 4-3 所示。

在图 4-3 中，子系统 i 和子系统 j 代表城市基础设施六个子系统中的任意两个子系统，城市基础设施是由这六个子系统构成的有机综合系统，而每个子系统又分别由不同的基础设施项目构成，每个子系统包含的基础设施项目又可细分成不同的项目类型。由此可知，城市基础设施的系统构成涉及项目、子系统和系统三个层次。在第一章中已对本书的研究对象进行了界定，对城市基础设施项目投资效果的评价不在本书研究范围之内。

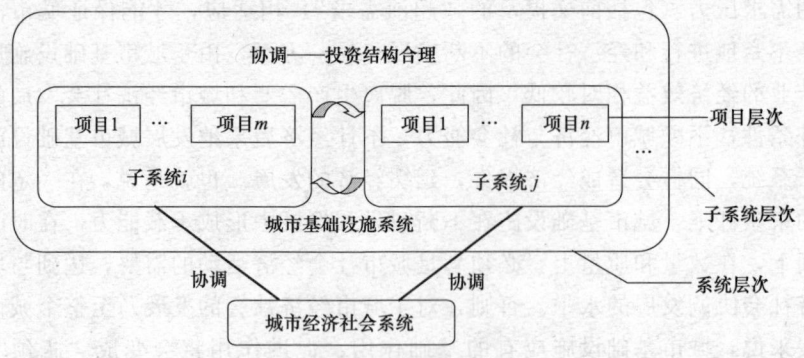

图 4-3　城市基础设施的系统构成

结合图 4-3，分析城市基础设施的系统特征，如下：

（1）城市基础设施各子系统内部都构成一个有机整体，自成系统，互相协调，不能割裂。如城市道路、公路、地铁、铁路、民航、公共客运交通、个体交通、货运、交通管理等组成一个有机整体构成城市交通子系统；又如水资源的开发利用、水源保护、防洪、给水、排水、污水处理与利用等构成水资源和给排水子系统。

（2）城市基础设施各子系统之间联系也非常紧密而协调。例如城市道路建设中，往往涉及电力、电讯、给水、排水、煤气、园林、环卫、消防等部门，城市的给水、排水、煤气、电讯等管线往往预埋在城市道路下面，城市道路的开挖所影响的不只是城市交通，而且会影响到其他城市基础设施效率的发挥。如果城市排水设施不良，遇到雨水积水，就会造成交通不畅，如果城市道路通畅，就能提高城市的防火防灾能力，城市电话普及，通信设备良好，无疑也会减少城市交通流量，减轻城市道路压力等。

（3）城市基础设施的 6 个子系统，是按照其功能不同划分的，每个子系统在城市经济社会发展的过程中发挥的作用是不同的，每个子系统投资不足、投资效果差，都会制约城市经济社会的健康发展，因此，每个子系统都应满足城市经济社会的健康发展。但是，若某个子系统投资过度，功能过剩，又会造成投资浪费，甚至导致其他子系统的投资不足，功能不够，因此，各子系统也应与城市经济社会保持协调发展关系，具体体现为城市基础设施与城市国民经济、人口规模、居民生活水平、城市规划建设、自然环境等保持协调发展的关系。只有这样，基础设施系统整体才能实现与城市经济社会间的协调发展。

以上所有这些方面，都表现出了城市基础设施子系统间及其与城市经济社会间联系密切、互相制约、互相依存的运转系统性和协调性。也正是由于这些系统特征的存在，在子系统层次上，本书对城市基础设施投资效果的系统评价，不仅要评价每个子系统自身的投资效果，还要对各子系统与城市经

74

济社会发展间的协调性进行评价，除此之外，站在系统层次上考察子系统间是否能够协调发展，也是城市基础设施投资效果评价的重要内容。

需要说明的是，若要实现各子系统理想的投资效果、各子系统与城市经济社会间以及子系统间的协调发展，其前提是城市基础设施投资结构合理，对各子系统的投资保持一个合理的比例关系，且城市基础设施的运营及管理保持着较高的水平。只有投资结构合理，资源才能合理分配，对各子系统的投资才能取得满意的投资效果，各子系统与城市经济社会间以及子系统间才能真正实现协调发展。因此，须首先对城市基础设施投资结构的形成进行分析。

4.2.2　城市基础设施投资结构的形成机理

投资结构是指在一定时期的投资总量中，各要素的构成及其数量比例关系。城市基础设施的投资结构，实质上是各种经济资源在基础设施各部门之间配置的结果。由于城市基础设施投资的巨额性和不可逆性，城市基础设施投资结构一旦形成，城市基础设施的系统构成也就基本固定下来，城市基础设施对城市经济、社会发展的需求满足程度和保障程度也就确定下来了。城市基础设施投资结构形成了城市基础设施的供给结构，只有当它满足需求结构，且能对城市经济社会发展需求做出准确、即时的反应时，才能称之为合理的投资结构。当城市基础设施的供给结构不能有效满足城市经济社会发展的需求结构时，说明投资结构是不合理的，需要通过改变投资结构来改善城市基础设施的供给结构。

（1）城市基础设施投资结构变动的影响因素

城市基础设施投资结构的形成是在相对较长的时间里完成的，从长期视角来看，城市各类生产及生活活动形成城市基础设施投资结构变动的天然（或自然）需求；从短期视角来看，城市基础设施投资结构的变动受到城市基础设施存量结构、经济社会发展的需求结构、技术进步、组织要素等因素的影响，这种影响更为直接，具体如下：

1）城市基础设施存量结构是决定投资结构变动的基础。城市基础设施存量结构对城市基础设施投资结构的影响主要表现在两个方面。一方面，若某类城市基础设施已具有一定的规模，若不能满足城市经济社会发展需求，有两种可选择的途径，或者投资较少的数额，进行改建、扩建，同时提高城市基础设施的管理水平，以满足需求；或者投资较多的数额，进行新项目的建设。如果能够选择前者，会节省资金，发挥更好的投资效益。但这取决于城市基础设施的存量结构。另一方面，城市基础设施存量结构会影响和决定社会对城市基础设施投资的需求与结构。假定社会需求总量一定，城市基础设施的投资需求取决于存量结构满足社会需求的程度。存量结构满足社会需求的程度越高，对新增投资的需求就越小，反之，对新增投资的需求就越大。存量结构若不能够满足社会需求，则说明对该类基础设施的投资不足，如果不弥补这种不足，原有的投资也会被浪费，导致该类基础设施的功能和效益无法发挥。城市基础设施投资结构的确定，不能仅考虑存量结构所能提供的服务能力，还应考虑社会需求结构的变化。综合考虑这两方面，通过形成合理的投资结构，改善城市基础设施的供给结构，更好地满足社会需求。

将社会需求结构与城市基础设施存量结构、投资结构、供给结构综合起来分析，可能存在以下三种情况：一是社会需求增大，超过城市基础设施存量结构所提供的服务能力，需要对投资结构进行调整，以改善城市基础设施的供给结构；二是社会需求不变，城市基础设施存量结构的服务能力刚好与社会需求结构相适应，这种情况下，投资结构和供给结构不需改变；三是社会需求减少，城市基础设施存量结构的服务能力大于社会需求，这种情况下不需增加投资，但可能会出现城市基础设施过度投资的问题。无论是哪种情况，城市基础设施投资结构都取决于社会需求结构与城市基础设施存量结构服务能力的对比关系。

2）社会需求结构是决定城市基础设施投资结构变动的动力。城市基础设施既是社会的中间需求、又是社会的最终需求，既服务于生产需求、又服务于生活需求，需求结构的变动直接导致供给结构的变化，进而决定城市基础设施投资结构。

3）技术进步是推动城市基础设施投资结构变化的重要因素。纵观人类发展的历史，技术进步表现为新产品、新能源、新材料、新工艺、新设备的出现，等等。技术进步对于改变城市基础设施投资结构、提高城市基础设施的服务水平发挥着极其重要的作用。城市交通子系统、城市邮电子系统就是极好的例子。具体来看，技术进步从需求和供给两个方面推动城市基础设施投资结构的演进。

① 从需求来看，技术进步不断地改变着人类的消费观念和消费方式，从而不断创造出新的消费需求。当效率观念逐渐形成后，人们对于交通和通信的便利、高速的需求就会增加；当低碳环保观念形成后，人们对清洁能源、低碳交通的需求就会增加；随着检测技术的进步和健康观念的加强，人们对空气质量、垃圾分类处理的需求也会随之增加。总之，技术进步导致的需求变化，对城市基础设施投资结构的变化产生重要的影响。

② 从供给来看，技术进步直接推动产品、生产方式和生产方法的推陈出新，提高城市基础设施的供给水平，推动劳动生产率的提高和生产成本的下降。城市基础设施各子系统都有明显的例子，这里就不一一列举了。

4）组织要素保障城市基础设施投资结构的变动。与城市基础设施投资结构密切相关的组织要素主要包括政府对于城市基础设施投资的管制与监督、投资主体的行为。

① 政府对于城市基础设施投资的管制与监督。政府通过创造良好的外部物质环境和平等竞争的机会，以及资源在不同部门中充分流动的良好秩序，制定具体部门的投资政策，以"看不见的手"对城市基础设施投资方向和投资额的大小进行干预，防止垄断和过度竞争，对某些部门的投资进行补贴，但不直接干预投资主体的投资决策行为。通过这些途径，决定城市基础设施的投资结构及其变动。

② 投资主体的行为。投资主体的行为是指投资主体在一定的投资动机的驱使下为达到既定目标所作出的具体投资活动。投资主体的行为规则随投资主体所处的环境而定。投资主体行为与城市基础设施投资结构之间有着复杂的关系。从投资主体的目标来看，基于城市基础设施投资的巨额性和长期性，通常只有侧重于追求长期投资效益的投资主体才会选择城市基础设施项目；反过来，城市基础设施投资的特点，也要求投资主体具有相应的资金和技术实力。在城市基础设施项目中，投资回报率高、盈利好的项目会吸引更多的投资者，如能源设施、电信设施等，而投资回报较低的项目，对投资者的吸引力相对也小一些。如果没有有效的措施引导投资主体的行为，则会导致城市基础设施投资结构失衡。从投资主体之间的关系来看，随着专业化分工的深化、不同经济体间往来的频繁，投资主体之间的协作和联合也逐渐增多，不仅可以实现投资上的合理分工，达到优化资源配置的目标，而且可以通过投资主体间的分工与协作，优化基础设施投资结构。

（2）城市基础设施投资结构形成的最终决策

由前文分析可知，城市基础设施存量结构、需求结构、技术进步、组织要素等因素对城市基础设施投资结构的变动产生重要的影响，其中，组织要素是城市基础设施投资结构形成、变动的决策者，组织要素中包含的投资主体是城市基础设施投资结构形成的微观主体，政府是宏观管理主体。基于城市基础设施的公共物品属性，城市基础设施可分为非经营性、准经营性和经营性三类基础设施，相应的，投资主体除政府外，也包括社会投资者或民间投资者。城市基础设施作为关系到城市各项生产、生活的公共产品，无论政府是否作为非经营性公共产品的直接投资者，政府都是城市基础设施投资的规划者和引导者。政府依据城市基础设施存量结构、需求结构、技术进步等因素，制订城市基础设施投融资计划。可见，政府在城市基础设施投资结构的形成与变动过程中，发挥着关键性的作用。

因此，可以说，政府最终对城市基础设施投资结构的形成进行决策，进而从根本上影响城市基础设施投资、资源的分配，影响城市基础设施各子系统的投资效果、各子系统与城市经济社会发展间的协调性以及子系统间的协调性，同时，政府相关部门对城市基础设施的管理水平，也是影响城市基础设施各子系统投资效果的非常重要的因素。因此政府应从源头上抓好对城市基础设施投资的管理，这也是后面投资效果评价的基本立足点。

此外，由于城市基础设施投资的时点不同，城市基础设施从投资开始到发挥作用也需要一定的时间，而且评价标准的设定也较为困难，因此，在某个时点上考察城市基础设施的投资结构具有一定的难度，因此，在后面章节中，在对城市基础设施子系统投资效果进行评价的基础上，利用协同理论，通过基础设施系统的协调性来考察投资结构是否合理。

由此，可得本研究中系统评价的总体分析框架，如图 4-4 所示。

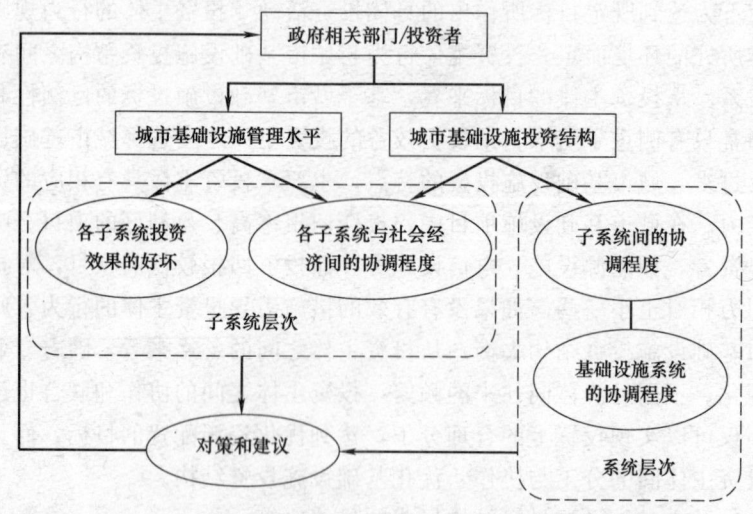

图 4-4　城市基础设施投资效果系统评价的总体分析框架

综上，本章通过分析城市基础设施与城市经济社会发展的系统性，得出二者之间具有协调发展关系，这在一定程度上体现了城市基础设施的系统特性。在此基础上，通过深入分析城市基础设施的系统构成及其特征，提出：在子系统层次上，对城市基础设施投资效果的系统评价，不仅要评价每个子系统自身的投资效果，除此之外，各子系统与城市经济社会发展间以及子系统间的协调性也是城市基础设施投资效果评价的重要内容。鉴于合理的城市基础设施投资结构是取得理想的城市基础设施投资效果的前提条件，在分析城市基础设施投资结构形成的影响因素的基础上，提出：政府是城市基础设施投资结构形成的最终决策者，从根本上影响城市基础设施的投资效果，因此政府应从源头上抓好对城市基础设施投资的管理，这也是后面投资效果评价的基本立足点。本章为后面章节中城市基础设施投资效果的系统评价提供了总体分析框架。

第5章　城市基础设施各子系统投资效果评价

5.1　城市基础设施子系统投资效果评价模型

根据价值工程原理，城市基础设施各子系统的投资效果可用其功能与投入的比值表示，即城市基础设施的投资效果 $E = F/C$。其中，F 为城市基础设施所提供的各种功能。如前所述，城市基础设施可分为能源、给排水、交通、邮电、环境和防灾六个子系统。子系统不同，所提供的功能也有所不同。C 为城市基础设施的全寿命周期投资，包括建设期投资和运营期维护成本两部分。

为了便于计算，城市基础设施各子系统投资效果计算式中的 F 是指城市基础设施的功能指数，C 是指相应的投资指数。针对不同子系统的特点，首先确定其相应的投资指数和功能指数，进而可求得城市基础设施各子系统的投资效果。

实际上，由于防灾子系统通常依托于其他五个子系统来发挥功效，因此，这里将主要讨论城市基础设施的五个子系统——能源、给排水、交通、邮电、环境子系统投资效果的评价模型，而将防灾子系统的构成要素分别纳入其他五个子系统中一并考虑。

5.1.1　子系统投资指数的确定

（1）寿命周期投资与投资指数

城市基础设施的每一个子系统均由若干类设施项目组成，而各类项目的年均寿命周期投资由两部分形成，即建设期投资和运营期维护成本。

由于各类基础设施项目的功效是在运营期发挥，为了能将城市基础设施各子系统的全寿命周期投资与其所提供的功能相匹配，这里将建设期投资折算成运营期内每年支出的成本，然后加上运营期年均维护成本，即构成各类项目的年均寿命周期投资。同时考虑到被评价城市的人口数量和建成区面积的不可忽略性，必须将各类项目的年均寿命周期投资除以相应的被评价城市的人口数量和建成区面积的乘积，得到其年均寿命周期投资水平，之后结合模糊综合评价法和专家调查法得到各子系统的投资指数。

（2）投资指数的计算方法

1）确定子系统年均寿命周期投资水平

对每一类基础设施项目而言，假设建设期内每年的投资额相等，运营期内每年的维护成本也相等。设第 k 个子系统的第 j 类项目平均建设期为 n_{kj}，建设期每年末投资为 I_{kj}；平均运营期为 $n_{kj'}$，运营期每年末维护成本为 $I_{kj'}$（$k=1$，2，3，4，5），则该类项目的年均寿命周期投资可用公式（5-1）计算：

$$LCC_{kj} = I_{kj}(F/A, i, n_{kj})(A/P, i, n_{kj'}) + I_{kj'} \tag{5-1}$$

式中 i——年利率。

被评价城市第 k 个子系统的第 j 类项目年均寿命周期投资水平 $\overline{LCC_{kj}}$ 可用公式（5-2）计算：

$$\overline{LCC_{kj}} = \frac{LCC_{kj}}{P \times S} \tag{5-2}$$

式中 P——评价时点上被评价城市的人口数量；

S——评价时点上被评价城市的建成区面积。

2）应用模糊综合评价法确定子系统投资指数

① 建立模糊评价集和评价级度集。在每一个子系统中，$Q = \{\overline{LCC_1}, \overline{LCC_2} \cdots \overline{LCC_j}\}$ 为模糊评价指标集。

$V = \{V_1, V_2, V_3, \cdots, V_s\}$ 为评价级度集，s 为评价级度个数。这里取评价级度集为 {优、良、中、较差、差}，即 $s=5$。规定评价级度集 V 中各元素的量化值为 $V=(1, 0.85, 0.7, 0.55, 0.4)$，则最终评价结果应该在 0.4～1 之间，越接近于 1 说明投资水平越高，越接近于 0.4 说明投资水平越低。

② 构造模糊评价隶属矩阵。由一定数量的专家对每个子系统的各类项目的年均寿命周期投资水平评分，确定 j 类项目的隶属关系矩阵 U_j。

$$U_j = \begin{bmatrix} u_{11} & u_{12} & \cdots & u_{15} \\ u_{21} & u_{22} & \cdots & u_{25} \\ \cdots & \cdots & \cdots & \cdots \\ u_{j1} & u_{j2} & \cdots & u_{j5} \end{bmatrix} \tag{5-3}$$

式（5-3）中：隶属矩阵各元素 u_{js}（$s=1$，2，3，4，5）计算公式为 $u_{js} = \frac{M_{js}}{m}$，$m$ 为参评专家人员总数，M_{js} 是参评专家中认为每个子系统中第 j 类项目的年均寿命周期投资水平属于 V_s 等级的专家人数。

③ 确定子系统的投资指数。按照计算公式（4-4）得到第 j 类项目的投资指数 $\overline{C_j}$。

$$\overline{C_j} = \sum_{s=1}^{5} u_{js} V_s \tag{5-4}$$

之后，根据城市功能、发展规划以及各类项目的特点和重要性，通过专家调查法（如德尔菲法）等方法确定各类项目在相应子系统中的权重 w_{kj}，利用公式（5-5）进行计算可得出第 k 个子系统的投资指数 C_k。

$$C_k = \sum_{j=1}^{b} w_{kj} \overline{C_j} \tag{5-5}$$

式中　b——第 k 个子系统中基础设施项目的类别总数。

5.1.2 子系统功能指数的确定

城市基础设施的各子系统都具有经济效益、社会效益和环境效益这个三个功能性目标，由于有的功能指标与其中一个目标存在着很强的关联性，且各子系统的经济效益、社会效益和环境效益三大目标之间也存在着关联性，因此，可以通过建立网络结构模型，应用 ANP 法来分析和计算各指标的权重，进而求得城市基础设施各子系统的功能水平值。然后，运用模糊数学法来对功能水平进行评价，即可得到城市基础设施各子系统的功能指数。

（1）建立功能网络层次结构图

各子系统的功能指标的选取可以采用频度分析法和专家调查法，即首先广泛收集相关文献中关于城市基础设施各子系统的功能性指标，建立原始指标数据库，进行频度统计，选取出使用频率较高的指标；然后将初步选出的指标设计调查问卷，发给行业内的专家，请专家对指标的重要性进行判断和打分。根据专家的打分结果，选取分值较高的一些指标，形成城市基础设施各子系统的功能评价指标体系。

现将经济效益、社会效益和环境效益三大目标看作元素集，即 $D_i(i=1, 2, 3)$，将各子系统的功能指标看作各元素集中的元素，即 $e_i(1)$、$e_i(2)$ … $e_i(n_i)$，对每个子系统建立 ANP 网络结构。

设每个子系统下共含有 $n(k)$ 个元素（指标），即 $\sum_{i=1}^{3} n_i = n(k)$，建立的城市基础设施子系统 k 的功能指标网络层次结构图如图 5-1 所示。

（2）构造超矩阵

根据功能网络层次结构图，构造超矩阵如下：

$$W = \begin{bmatrix} W_{11} & W_{12} & W_{13} \\ W_{21} & W_{22} & W_{23} \\ W_{31} & W_{32} & W_{33} \end{bmatrix} \tag{5-6}$$

其中，

$$W_{ij} = \begin{bmatrix} w(e_i(1),e_j(1)) & w(e_i(1),e_j(2)) & \cdots & w(e_i(1),e_j(n_j)) \\ w(e_i(2),e_j(1)) & w(e_i(2),e_j(2)) & \cdots & w(e_i(2),e_j(n_j)) \\ \cdots & \cdots & & \cdots \\ w(e_i(n_i),e_j(1)) & w(e_i(n_i),e_j(2)) & \cdots & w(e_i(n_i),e_j(n_j)) \end{bmatrix}$$

$$\tag{5-7}$$

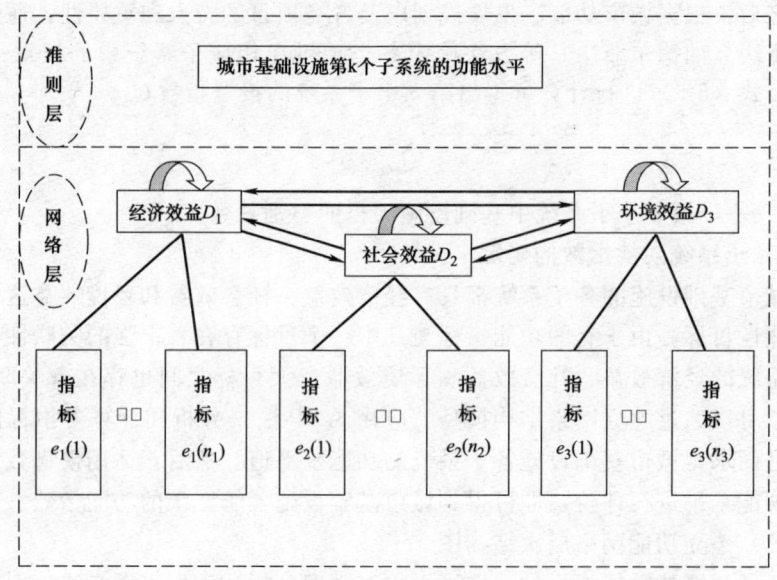

图 5-1 城市基础设施子系统 k 的功能指标网络层次结构图

式（5-7）中：$e_i(n_i)$ 是隶属于 D_i 的功能指标（$i=1$，2，3），$e_j(n_j)$ 是隶属于 D_j 的功能指标（$j=1$，2，3），D_i、D_j 可以是相同或不同的元素集。

（3）构造加权矩阵和加权超矩阵

每个子系统都会构造一个超矩阵，其中 W_{ij} 虽然是归一性的，但是 W 不是，为此，要构造加权矩阵，将超矩阵列归一化。

在每一个子系统下，对各元素集 D_i（$i=1$，2，3）间的重要性进行比较，见表 5-1。

加权比较矩阵 表 5-1

D_i	D_1	D_2	D_3	归一化特征向量
D_1				a_{1i}
D_2		$i=1,2,3$		a_{2i}
D_3				a_{3i}

与 D_i 无关的元素组对应的排序向量分量为 0，由此得加权矩阵 A：

$$A = \begin{pmatrix} a_{11} & a_{12} & a_{13} \\ a_{21} & a_{22} & a_{23} \\ a_{31} & a_{32} & a_{33} \end{pmatrix} \tag{5-8}$$

构造新的矩阵，即矩阵中的向量为 $\overline{W_{ij}} = a_{ij}W_{ij}$，则新的矩阵 $\overline{W} =$

$$\begin{bmatrix} a_{11}W_{11} & a_{12}W_{12} & a_{13}W_{13} \\ a_{21}W_{21} & a_{22}W_{22} & a_{23}W_{23} \\ a_{31}W_{31} & a_{32}W_{32} & a_{33}W_{33} \end{bmatrix}$$ 为加权超矩阵，$\overline{W}$ 已经列归一化。

（4）求取各功能指标的权重值

$\overline{W}^m$ 在 $m \to \infty$ 收敛后，此收敛结果可以作为综合权重值 $\overline{W} = \overline{W}^m$，若不能收敛，出现周期性，则取 $\overline{\overline{W}} = \dfrac{1}{m}\sum\limits_m W^m$ 为综合权重值，即：

$$\overline{W} = (w_k(1), w_k(2), \cdots w_k(n(k)))^T \tag{5-9}$$

式（5-9）中：$w_k(n(k))$ 为第 k 个子系统第 $n(k)$ 个功能指标的权重。

（5）模糊综合评价法确定子系统功能指数

1）构建模糊评价指标集和评价级度集。在每一个子系统中，$R = \{D_1, D_2, D_3\}$ 为模糊评价指标集，

其中，$D_1 = \{e_1(1), e_1(2)\cdots e_1(n_1)\}$

$$D_2 = \{e_2(1), e_2(2)\cdots e_2(n_2)\}$$
$$D_3 = \{e_3(1), e_3(2)\cdots e_3(n_3)\} \tag{5-10}$$

设：$V = \{V_1, V_2, V_3, \cdots, V_s\}$ 为评价级度集，s 为评价级度个数。这里取评价级度集为｛高、较高、一般、较低、低｝，即 s=5。规定评价 V 集中各元素的量化值为 $V = (1, 0.85, 0.7, 0.55, 0.4)$，则最终评价结果应该在 0.4～1 之间，越接近于 0.4 说明功能水平越低，越接近于 1 说明功能水平越高。

2）建立模糊评价隶属矩阵。由一定数量的专家对各功能指标的数值评分，确定城市基础设施每个子系统元素集 D_i 中的功能指标的数值对于评价级度集 V 的隶属关系矩阵 U_i。

$$U_i = \begin{bmatrix} u_{i1} \\ u_{i2} \\ \cdots \\ u_{in_i} \end{bmatrix} = \begin{bmatrix} u_{i11} & u_{i12} & \cdots & u_{i15} \\ u_{i21} & u_{i22} & \cdots & u_{i25} \\ \cdots & \cdots & \cdots & \cdots \\ u_{in_i1} & u_{in_i2} & \cdots & u_{in_i5} \end{bmatrix} \tag{5-11}$$

式（5-11）中：隶属矩阵各元素 $u_{in_i s}(s=1, 2, 3, 4, 5)$ 计算公式为

$u_{in_i s} = \dfrac{M_{in_i s}}{m}$，m 为参评专家人员总数，$M_{in_i s}$ 是参评专家中认为每个子系统中元素集 D_i 中第 n_i 个指标的数值隶属于 V_s 等级的专家人数。

3）确定子系统功能指数。每个功能指标的功能指数为：

$$\overline{x_i(n_i)} = \sum_{s=1}^{5} u_{in_i s}V_s \tag{5-12}$$

式（5-12）中：$\overline{x_i(n_i)}$ 即为第 k 个子系统中元素集 D_i 中第 n_i 个功能指标

的功能指数，其每一个数值都可以写成$\overline{x_k(j)}(j=1, 2, 3, \cdots, n(k))$，并可将其对应的权重从$\overline{\overline{W}}$找出，对各项进行加权所得值即为第$k$个子系统的功能指数$F_k$，如式（5-13）所示。

$$F_k = \sum_{j=1}^{n(k)} w_k(j)\overline{x_k(j)} \tag{5-13}$$

5.1.3　子系统投资效果评价流程

根据前面的内容，可以归纳被评价城市各子系统投资效果评价流程，如图 5-2 所示。

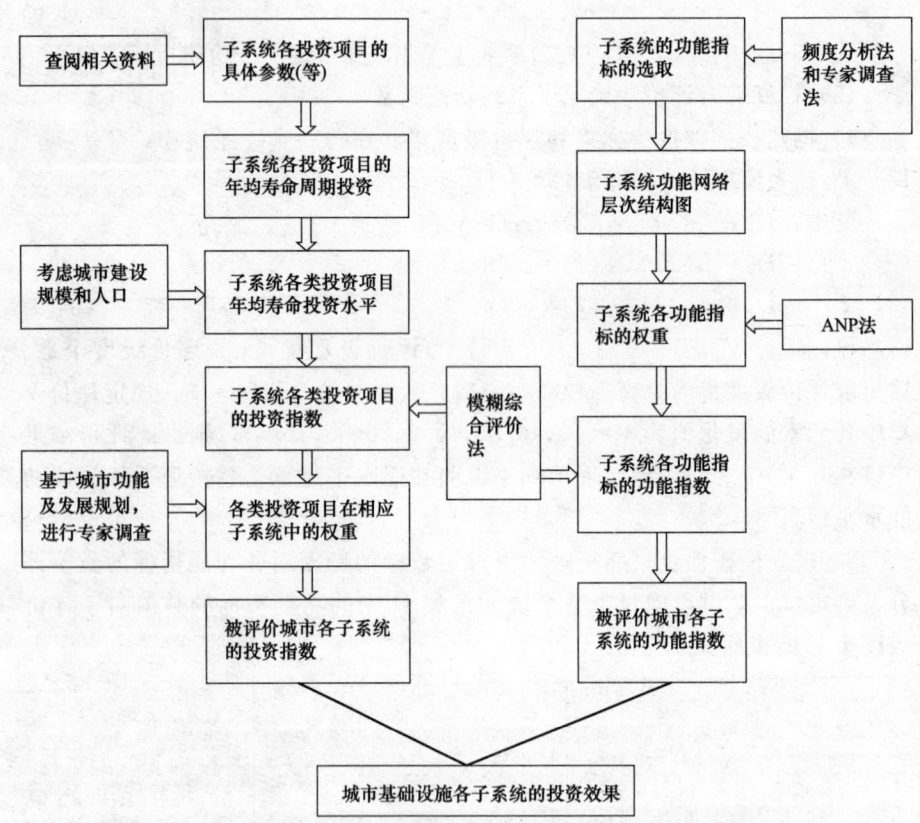

图 5-2　被评价城市各子系统投资效果评价流程

5.1.4　城市基础设施投资效果分析方法

应用价值工程原理，可求得城市基础设施第k个子系统的投资效果值 $E_k = \dfrac{F_k}{C_k}$。根据城市功能及发展规划，通过专家调查法求得第k个子系统的权重值W_k，则城市基础设施的整体功能指数为 $E = \sum_{k=1}^{5} W_k E_k$（$k=1, 2, 3, 4, 5$）。

设发达国家同类城市群的平均投资效果为 E_0，国内同类先进城市群第 k 个子系统的平均投资效果为 E_1，国内同类平均城市群第 k 个子系统的平均投资效果为 E_2，绘制雷达图如图 5-3 所示。图中五个坐标轴分别表示能源、水资源及给排水、交通、邮电和环境子系统的投资效果，被评价城市各子系统的投资效果值会落在各坐标系上，通过分别与 E_0、E_1、E_2 的比较，可以分析被评价城市的各子系统的投资效果水平。

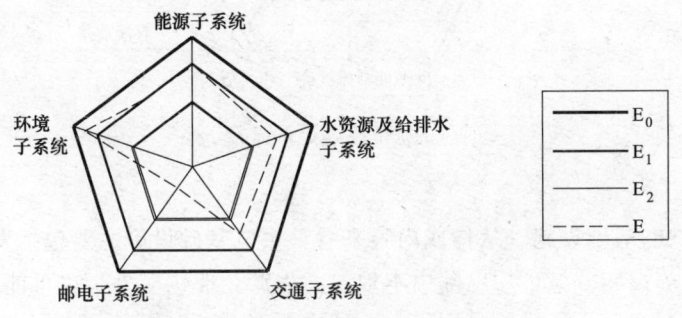

图 5-3　城市基础设施投资效果雷达图

5.2　城市基础设施各子系统功能评价指标体系

5.2.1　城市能源子系统功能评价指标体系

能源是支撑城市经济、社会系统正常运行的重要物质基础，能源供应的持续与稳定，是城市经济发展和社会安定和谐的重要环节。城市能源子系统是城市基础设施的重要组成部分，是保障城市能源供应的持续性与稳定性的关键基础设施，是关系到城市各项经济、事业发展及人民生活的命脉所在。正是由于城市经济、社会的发展与城市能源子系统之间的依存关系，城市能源子系统在城市基础设施系统中的地位和作用日益凸现，进一步加强能源基础设施建设，以建成充足、安全、可靠、经济、优化的现代化城市能源供应保障系统已成为城市各级政府及相关管理部门的共识。在这种背景下，对城市能源子系统的投资效果做出科学、客观地评价，对于提高能源基础设施投资效益、优化城市基础设施系统投资结构具有重要的意义。

（1）城市能源子系统的分类及其特点

城市能源子系统主要包括供电基础设施、供热基础设施和供气基础设施，此外也包括以实现节能减排为目的而形成的一系列投资项目，但这类投资项目可融入供电、供热和供气基础设施中。因此，城市能源子系统主要包括供电、供热和供气三类基础设施，具体如图 5-4 所示。

由图 5-4 可知，无论是供电、供热、供气基础设施，还是包涵于其中的节能减排项目，其投资的目的均为满足特定城市规模、功能条件下的经济、社会及环境效益。城市能源子系统中各类基础设施包含的内容及其特点具体

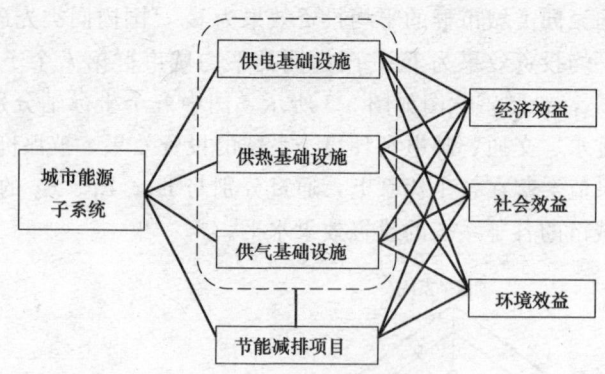

图 5-4　城市能源子系统的分类

如下：

1）供电基础设施。从构成内容来看，供电基础设施主要包括发电设备、输电网络等设施。城市用电除由本地电力生产企业供应外，也可能来自于外地电力生产企业，通过输电网络，向城市各类用户输送和分配电能，其中，输电网络由送、配电线路和变电所、配电所组成。由于城市工业集中，用电量大，负荷密度高而且增长迅速，因此，供电基础设施的投资建设应对未来负荷增长留有充分的发展余地。同时，由于城市集中了政府机关、重要的科学研究机构、管理单位和各种工厂、市政公共设施等重要用户，一旦供电中断会造成严重后果，因此，除电力供应量要满足城市各类用户需求外，还要求供电基础设施提供安全可靠、高质量的电能。此外，供电基础设施的投资建设还要考虑与环境保护有关的条件，如防止大气污染、防止噪声干扰、美化市容和搞好绿化等方面对供电基础设施提出的要求和限制。为满足这些要求，供电基础设施投资中相应包含着节能减排投资项目。

从电源结构来看，供电基础设施主要向城市用户供应火电、水电、核电、风电等能源，以多样化供电格局为城市各类用户服务。以我国为例，一直以来，城市电力供应主要依赖于火电，水电、核电和风电等清洁能源在电源结构中所占比例较小。从环境保护、资源节约、可持续发展的角度来看，随着技术的不断进步，水电、核电和风电未来将成为城市电力供应的重要来源。

2）供热基础设施。供热基础设施是节约能源、改善环境、提高人民生活质量、促进生产的重要途径，是支撑城市运行的重要基础设施之一，是城市公共事业的重要组成部分。传统意义上的供热基础设施，主要是指城市集中供热，它是由集中热源所产生的蒸汽、热水通过管网供给一个城市或部分地区生产和生活使用的供热方式，由热源、热网、热用户三个部分组成。热源主要是指热电站和区域锅炉房（工业区域锅炉房一般采用蒸汽锅炉，民用区域锅炉房一般采用热水锅炉），以煤、重油或天然气为燃料，有的国家已广泛利用垃圾作燃料，工业余热和地热也可作热源。热网分为热水管网和蒸汽管网，由输热干线、配热干线和支线组成，其布局主要根据城市热负荷分布情况、街区状况、发展规划及地形地质等条件确定，一般布置成枝状，敷设在地下。

与分散供热的小型锅炉相比，从经济角度来看，因集中供热用的锅炉容量大，热效率高，可以达到90％以上，而分散供热的小型锅炉热效率只有60％左右，或更低，因此城市集中供热代替分散供热综合起来可节约20％～30％的能源；从社会角度来看，城市集中供热对于方便人民生活、节省城建珍贵用地，缓解城区用电紧张的局面有着十分重要的意义；从环境角度来看，城市污染主要来源于煤直接燃烧产生的二氧化碳和烟尘，集中供热的锅炉容量大，有条件安装高烟囱和烟气净化装置，具有较为完善的除尘设备，采用高效率的除尘器，除尘率可达90％～98％，甚至更高，便于消除烟尘，有效降低大气污染，改善环境卫生，还可以实现低质燃料和垃圾的利用。因此，城市集中供热具有节约能源、减少污染、有利生产、方便生活的综合经济效益、环境效益和社会效益，是衡量城市现代化的重要标志之一。

随着社会的发展及科技的进步，以电力、燃气进行自采暖的用户在城市中所占的比例也越来越大，已成为城市集中供热的重要补充。集中供热的供暖形式具有稳定、可靠、专业性强等优点，但由于热力传输线路长，因此热损耗较大；相比较下，自采暖的供热形式热损耗较小，热效率较高，用户使用更佳灵活，但其成本较高，供暖专业性不如集中供热强。但由于地域差异的存在，不同的城市其采暖要求和标准也有所不同，以我国为例，在北方冬季严寒城市，供热性能更好的集中供热比较普及，而在采暖要求和标准相对较低的城市，集中供热率要相对较小，灵活的自采暖形式较为普及。因此，在当今多样化供暖形式并存的情况下，仅以集中供热指标比较不同城市供热基础设施的完善程度的做法是片面的。

3）供气基础设施。供气基础设施是城市基础设施的重要组成部分，完善的城市供气基础设施，对于方便城市居民生活、促进经济发展、改善大气环境质量具有重要的作用和意义。从气源结构来看，城市供气基础设施主要向城市各类用户供应人工煤气、液化石油气和天然气。具体而言，城市供气基础设施包括门站、调压站、输配气管网等燃气供应设施，形成管输煤气系统、管输天然气系统合瓶装液化石油气供应系统。人工煤气是以煤和重油为原料的各种人工制造煤气的总称，液化石油气主要从炼油厂在提炼石油的裂解过程中产生，天然气为存在于地下自然生成的一种可燃气体。由于城市资源条件不同，供气基础设施的气源结构也就不同，多为不同燃气种类的组合使用。但与人工煤气、液化石油气相比，天然气具有方便、经济、安全、清洁的优势，因此其市场潜力最大，城市天然气的供应水平也称为衡量城市基础设施现代化的重要标志之一。

（2）城市能源子系统功能评价指标体系的构建

通过查阅大量国内外文献，收集到一系列城市能源子系统功能评价指标。这些指标出现的频率不一，有的使用频率很高，说明在行业内已得到了认同，反之，则说明其代表性较差。通过对这些功能评价指标进行频度统计，初步筛选出使用频率较高的指标。经过研究，发现筛选出的一些指标其适用性并不高，如集中供热率、城市气化率等。随着经济的发展、技术的进步，城市居民采暖形式也呈多样化趋势，除集中供热外，利用电力、燃气等能源实现自采暖，也成为相当数量城市居民的选择，这使得除北方冬季严寒城市外，很多城市的集中供热率并不高，因此，集中供热率并不适宜于作为评价城市能源子系统功能性的指标。值得指出的是，由于地域差异，对于不同的城市而言，城市能源子系统中供热基础设施的差异性也较大。以我国为例，一些南方城市由于冬季并不寒冷，因此并无供热设施，而在北方冬季严寒城市，供热基础设施是城市能源子系统的重要组成部分，正是由于城市之间供热基础设施发展存在较大的不均衡性，因此，集中供热率、集中供热面积、供热管道长度等常用的城市集中供热方面的指标并不能准确反映城市能源子系统在供热方面的功能性，因此在本研究中弃用这些指标，但这并不代表本研究选取的指标忽略了城市供热基础设施。在城市供热中，通过电力、燃气等能源进行自采暖的，可反映在城市供电、供气等相关指标中，由于集中供热导致的空气污染程度也会反映在相应的环境指标中。

此外，在经济、社会、技术发展较为落后的时代背景下，城市气化率指标值的大小能够充分反映出城市供气基础设施的现代化程度，而现如今，城市居民已普遍使用煤气、液化石油气以及天然气，城市气化率指标已失去其意义。本研究遵循城市供气的发展规律，从天然气供应的角度选择能够反映城市能源子系统的功能性指标。

在初步筛选出的指标中，剔除掉明显不适用的指标，再结合本研究的侧重点以及实际获取数据的可能性，拟定出一定数量的能够恰当、准确反映城市能源子系统功能性的评价指标，形成功能评价指标的初步方案，将其做成调查问卷，发放给业内专家，请专家对指标的重要性进行判断和打分，据此，选取分值较高的指标，作为城市能源子系统的功能评价指标，建立指标体系。城市能源子系统的功能评价指标体系其指标构成情况如下：

1）人均供电量 $e(1)$——单位：万 kW·h/人·年

该指标为城市火电、水电、核电等年供应总量的人均值，代表了城市能源子系统的供电能力，综合反映了城市能源子系统中供电类基础设施的功能性。该指标的值越大，能源子系统的电力供给能力就越强，说明城市能源子系统中供电类投资项目发挥的效用就越大，对城市经济发展的促进作用就越大。计算该指标值，首先应确定年供电总量和城市总人口的值，二者相除即为人均供电量。其中，年供电总量可从统计年鉴或城市电力供应单位获得，城市总人口为该城市年末总人口数量，可从统计年鉴获得。

2）供电可靠率 e(2)——单位：%

与城市能源子系统其他类别基础设施相比，电力供应的可靠性对城市经济各项事业和人民生活的影响更大，关系到城市各项生产、生活活动能否持续顺利进行。供电可靠率是城市能源子系统供电可靠性的定量表示，是衡量供电质量的重要指标，反映了城市能源子系统中供电类基础设施所能保证的持续供电能力。供电可靠率指标用某一统计期内用户有效供电时间总小时数与统计期间时间的比值来表示，具体如式（5-14）所示。

$$供电可靠率 = \left(1 - \frac{用户平均停电时间}{统计期间时间}\right) \times 100\% \qquad (5\text{-}14)$$

式（5-14）中的停电时间应包括事故停电、计划检修停电、临时性停电等时间。供电可靠率指标的统计数据可从城市供电部门获得。

3）人均天然气供应量 e(3)——单位：$m^3/人 \cdot 年$

在城市能源子系统中，供气类基础设施是向城市生产、生活提供煤气、液化石油气、天然气等能源的基本物质保障。随着城市经济社会的飞速发展，全世界范围内，城市燃气的供应正经历着从煤气过渡到液化石油气，最终实现天然气大管网供气的发展历程。以我国为例，从统计年鉴数据可以看出，随着时间的推移，在经济较为发达的城市，人工煤气的供应量有逐渐减少的趋势，而天然气的供应量呈现出逐年增加的趋势。因而，选择人均天然气供应量作为衡量城市能源子系统燃气供给能力的指标，能够综合反映城市能源子系统中燃气基础设施的总体功能。人均天然气供应量指标值为天然气供应量与城市总人口的比值，其中，城市总人口为该城市年末总人口数量，天然气供应量和年末总人口均为统计年鉴指标，其数据可从相关统计年鉴上获得。

4）就业比重 e(4)——单位：%

在城市能源子系统中，就业比重是指城市能源子系统的就业人员数占城市就业人员总数的比重，突出反映了城市能源子系统的社会效益。其中，城市能源子系统的就业人员数是指城市电力、燃气、热力供应行业的就业人员数之和。从就业的角度来看，该指标的值越大，城市能源子系统的社会效益就越好，反之则越差。

5）灾后恢复供电时间 e(5)——单位：h

在暴雨、暴雪、地震、洪水、海啸、台风等自然灾害发生之后，能否快速恢复电力供应，是关系到城市各项生产生活活动正常进行，乃至于保障人民生命及财产安全的重要因素。灾后恢复供电时间是衡量城市能源子系统中供电基础设施御灾可靠性的有效指标。在指标值的确定上，若某一城市不存在由于自然灾害导致电力供应中断的情况，则视为该城市能源子系统中供电基础设施的御灾可靠性最强。

6）灾后恢复供气时间 e(6)——单位：h

与灾后恢复供电时间指标类似的是，灾后恢复供气时间是衡量城市能源子系统中供气基础设施御灾可靠性的有效指标。同样，在该指标值的确定上，若某一城市不存在由于自然灾害导致燃气供应中断的情况，则视为该城市能源子系统中供气基础设施的御灾可靠性最强。

7）清洁能源供应比重 e(7)——单位：%

在城市基础设施系统中，城市能源子系统负责向城市提供电力、热力、燃气等能源，是支撑城市运行的命脉。在城市能源子系统提供的各类能源中，包括水电、风电、核电、天然气等优质能源，同时也包括火电、煤气、石油等会带来较多污染物的不可再生能源。本研究中的清洁能源供应比重，是指由城市能源子系统提供的水电、风电、天然气等清洁能源在城市能源子系统的能源供应结构中所占的比例。在计算中，应将各类能源的供应量转换为统一的单位，即"万吨标准煤"，这是计算清洁能源供应比重指标值的前提条件。清洁能源供应比重反映了城市能源子系统的环境效益，该指标值越大，城市能源子系统供应的清洁能源就越多，形成的环境效益就越大。

8）废气排放达标率 e(8)——单位：%

在本研究中，废气排放达标率是指在城市能源子系统正常运行情况下，在电力、热力和燃气的生产和输送过程中，达到排放标准的烟尘、粉尘和二氧化硫排放量占排放总量的百分比。废气排放达标率是反映城市能源子系统由于废气排放导致空气污染情况的相对性指标，该指标值越大，城市能源子系统对空气造成的污染就越小，说明城市能源子系统的环境效益就越好，反之则越差。该指标的统计数据可从城市环境管理部门获得。

5.2.2 城市水资源及给排水子系统

城市水资源及给排水子系统是城市基础设施的重要组成部分，是衡量城市现代化水平的重要标志。城市水资源及给排水设施的正常运转对城市的经济发展、社会进步及人民生活水平的改善有着极其重要的意义。取水和给水设施负担着城市的输、配水任务，保证城市水资源的稳定供给，为人民的日常生活和工作提供最基本的保障。大力发展中的水循环利用设施既可减轻排水管网的压力，又能减少水资源消耗。排水设施不仅能够美化城市环境、减少城市水体污染，而且对于减轻汛期内涝危害具有至关重要的作用。防洪设施则肩负着一个城市抵御洪涝和风暴潮灾害的重大责任，保障人民群众在灾难时期的生命财产安全。

（1）城市水资源及给排水子系统的分类及其特点

城市水资源及给排水子系统可分为取水、给水、排水及防洪四类，如图5-5所示。建设的基本目标均为满足特定城市规模、功能条件下的经济、社会及环境效益。城市水资源及给排水子系统的各类工程内容及其特点如下：

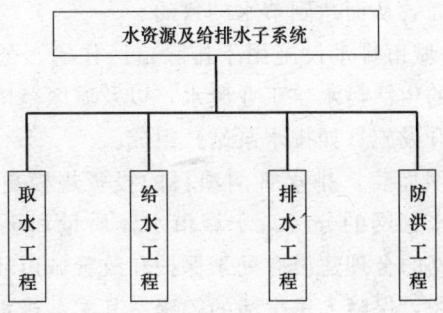

图 5-5　城市水资源及给排水子系统的分类

1）取水工程。取水工程是自然水系统与给水管网的连接部分，通过取水基础设施，从自然水系统中获取水资源，从而为水资源向城市的输送提供了必要条件。此类设施主要包括蓄水构筑物，地表水取水构筑物和地下水取水构筑物以及输水道。

取水工程的类型与一个城市的水资源分布特点有极大的关系，目的是综合利用各种类型的水资源，既满足城市供水需求，又能实现水资源的可持续利用。地表水量丰富的地区，首先会选择造价相对较低，对生态环境影响较小的取水方式，也就是我们常说的蓄、引、提三种形式。如水库工程，不仅能够蓄水调节径流，发挥水资源的综合效益，在汛期还具有防洪功能，是目前最为普遍采取的方式。另外，还有跨流域调水工程，指的是水资源一级区或独立流域之间的跨流域调配。调水工程虽然投资巨大，如我国的南水北调工程，但具有极大的社会效益和环境效益。对于中国这样一个人均水资源相对匮乏的国家，寻找新型水源，积极开发如再生水利用、集雨工程、海水淡化等水源工程，才能使我国的水资源走上可持续利用的道路。

2）给水工程。给水设施主要包括给水处理厂和给水管网。给水处理厂是将原水进行处理以达到用水水质要求的工厂，也称自来水厂。给水管网是用来向用户输水和配水的管道系统，由给水管道、配件和附属设施组成。

给水处理厂根据原水的来源不同，如江河水或水库水，分别采取净化处理措施，以达到我国的生活饮用水卫生标准。给水处理厂具有投资规模小、见效快的特点，使其成为本子系统中市场化程度最高的投资项目之一。与之相反，给水管网的建设往往需要大量的投资，并且这些投资规划性强，少量的、分散的投资很难发挥作用。给水管网的建设还应满足安全可靠性的要求，也就是当局部管线发生故障时，应尽量减小断水范围和加快修复速度。

另外就是再生水处理设施和管网的建设。再生水主要是指生活或工业污水经生化处理后达到一定水质标准并可重复使用的非饮用水资源。它可应用于城市冲厕、消防、景观、洗车等领域。仅就再生水的环保意义而言，人们将它誉为城市的"第二水资源"。再生水的利用能够减轻新水用量的压力，缓解使用新水的紧张局面，从而达到节水的目的。

3）排水工程。城市排水设施用于排除市区住宅、公共建筑、市政工程和机关企事业单位的生活污水、工业废水，以及城区范围内的天然降水，主要由排水管网和抽升设施（如排水泵站）组成。

相对于给水管网而言，排水管网项目的投资规模更加庞大，规划性更强，雨水管网和污水管网的分流对于城市水体质量和土壤质量具有重要影响。首先，排水管网的合理建设有助于保护和改善城市环境，消除污水的危害，减少雨水的淤积，保障人民生活的健康。其次，排水管网的科学布置有利于雨污水资源的综合利用，针对不同来源分类排放收集，以减轻净化处理负担，并可充分利用雨污水本身的经济价值，如污水灌溉技术等。

4）防洪工程。防洪工程主要有堤、河道整治工程、分洪工程和水库等。防洪工程按功能和兴建目的可分为挡、泄和蓄三类。挡主要是运用工程措施"挡"住洪水对保护对象的侵袭。如用河堤、湖堤防御河、湖的洪水泛滥；用海堤和挡潮闸防御海潮等。泄主要是增加泄洪能力。常用的措施有修筑河堤、整治河道、开辟分洪道等，是平原地区河道较为广泛采用的措施。蓄主要作用是拦蓄调节洪水，削减洪峰，减轻下游防洪负担。一个城市的防洪任务，通常是由多种措施相结合构成的工程系统来承担。工程的布局是根据自然地理条件，洪水、泥沙特性，社会经济，洪灾情况，本着除害与兴利相结合，局部与整体统筹兼顾，蓄泄兼筹，综合治理等原则，统一规划。

根据《水利经济计算规范》的规定，防洪工程的经济效益通常是指防洪工程修建后可以减免的国民经济损失。它包括：农、林、牧、副、渔等各类用地的损失；国家、集体和个人的房屋、设施、物资等财产损失；防汛抢险费用；工矿停产、商业停业和交通中断损失；修复水毁工程和修复交通、工农业生产的费用等五个方面。但由于某些损失计量困难，故对于防洪工程的投资效果评价不应仅仅考虑经济效益，还要从社会和环境效益两方面因素着手。

（2）城市水资源及给排水子系统功能评价指标体系的构建

为使备选评价指标全面、系统，首先对以往文献和各类统计年鉴中反映城市水资源及给排水设施功能的指标进行收集，形成了备选指标库。通过对备选指标进行频度分析，并结合本书的特点新增部分重要指标，从中筛选出30个指标，最后运用德尔菲法，由有权威性的专家打分最终确定了8个最具有代表性的指标，构成了本子系统的功能评价指标体系。

1) 人均储水量 $e(1)$——单位：m³/人

这里指的储水量包括两部分，一部分是可以直接利用的天然水储量，如河流、湖泊水，或者可供开采的浅层地下水；另一部分是人工储水量，如水库储水。此指标不仅反映城市水资源人均储量的多少，同时也反映了该城市对于旱灾的抵御能力。此指标不能直接从统计年鉴中查找，但可以根据现有水利资料计算得出。

2) 人均供水量 $e(2)$——单位：m³/人

这是反映一个城市当前水利设施供水能力的指标，此指标对于评价城市现有给水工程所发挥的功能有重要的意义，此类数据可以从各地区的水利统计年鉴中查找。其中：

$$人均供水量 = 城市年供水量 / 城市人口$$

3) 人均给水管道长度 $e(3)$——单位：m/人

是人均取水管道长度与人均供水管道长度之和，反映了一个城市的供水覆盖面积，同时供水管网直接入户对于节水也具有十分重要的意义，此类指标可以直接从各城市统计年鉴查找。其中：

$$人均给水管道长度 = (取水管道长度 + 供水管道长度) / 城市人口$$

注：取水管道长度：指水源地至地表水水厂净化设施（或地下水水厂清水池）之间所有管道的长度，包括水源井之间的井群联络管道长度。

供水管道长度：指从送水泵至用户水表之间所有管道的长度。不包括新安装尚未使用的管道。

4) 排水管道管网密度 $e(4)$——单位：m/m²

排水管网包括雨水管网和污水管网，排水管网对于一个城市雨污分流、改善局部路段积水、减轻内涝，保护水体环境具有重要的作用，此指标可以从各城市统计年鉴中查找相关数据计算得出。其中：

$$排水管网密度 = 排水管道长度 / 建成区面积$$

5) 再生水利用率 $e(5)$——单位：%

据统计，在城市用水中只有三分之一的水用于直接或间接饮用，其他三分之二理论上都可以由再生水代替。早在 20 世纪八十年代，我国就开始研究再生水利用。虽然目前我国的再生水利用已形成了一定规模，但与发达国家相比，还有不小的差距。目前，我国的再生水主要应用于居民冲厕、绿化浇水、景观用水、洗车等领域，在工业和农业领域内的使用还处在开发阶段。当然，随着水资源紧缺压力的持续增加，再生水利用也将逐步发展和完善起来。这对于缓解当前水资源的供需矛盾，具有极大的经济意义和环境意义。此类指标可以从直接各城市统计年鉴查找。

6) 人均防洪容量 $e(6)$——单位：m³/人

这是反映一个城市现有防洪工程（堤坝、河道整治工程、分洪工程和水库等）挡水、蓄水、排水能力的指标，体现了防洪工程对于洪灾的抵御能力。防洪工程的统计数据一般是以流域为单位的，而没有依据城市划分。虽然此类指标不能从现有统计资料中直接查得，但可以通过查阅相关水利统计资料计算得出。其中：

人均防洪容量＝（大堤挡水能力＋大坝及水库蓄水能力＋
河道整治工程排水能力）/城市人口

7）灾后供水恢复时间 $e(7)$——单位：h

灾后供水恢复时间反映了城市面对自然灾害的紧急应变能力，这里的灾害主要指地震、暴雪等能够造成供水管网严重破坏的重大自然灾害。水资源供给设施的完好是人民群众的基本生存保障，缩短灾后恢复时间，其所挽回的经济损失和带来的社会效益将是十分巨大的。

8）就业比重 $e(8)$——单位：%

就业比重是指城市水资源及给排水子系统的就业人员数占城市就业人员总数的比重，是用来评价本子系统就业机会的综合性指标，其中，城市水资源及给排水子系统的就业人员数是指本子系统内各行业就业人员数的总和。从鼓励就业的角度来看，就业比重越大，城市水资源及给排水子系统的社会效益就越好，具体计算公式为：

$$e(8) = \frac{d_2}{d} \times 100\% \tag{5-15}$$

式中，d_2 为城市水资源及给排水子系统内各行业就业人员总数，d 为城市就业人员总数。

5.2.3　城市交通子系统

城市交通子系统是城市基础设施的重要组成部分，是城市内部为货物运送和旅客出行、为物质生产又为人民生活提供一般条件的物质载体和公共设施，是城市的动脉和各项功能连接的纽带。经济、快捷、通畅、安全、舒适和环保的城市交通子系统，不但可以促进城市人流、物流和信息流有效传输，从而保证社会生产效率得以提高，生活水平不断上升，而且对于提高能源和其他自然资源的消耗利用水平具有很大的社会经济作用。因此，随着城市所聚集的人口、财富迅速增长，社会经济的可持续发展战略的影响，城市交通子系统的重要性日益突现，人们对城市交通的功能需求也日益强烈。

（1）城市交通子系统的分类及其特点

城市交通子系统从市内交通运输方式的角度划分，可以分为城市道路交通、城市轨道交通两大类，其具体内容如下：

1）城市道路交通。城市道路交通是指主要承担联系城市各功能区内和各功能区之间交通的道路系统，它是保证机动车、非机动车、行人交通为主的混合交通需求的承载物，也是发挥城市交通运输功能的最重要的基础设施，主要包括具备一定技术条件的道路及其附属设施。

2）城市轨道交通。城市轨道交通是指位于城市之内的以电力为驱动的有轨公共交通运输系统，具有节能、省地、运量大、全天候、无污染（或少污染）又安全等特点，属绿色环保交通体系，符合可持续发展的原则，特别适应于大中城市。城市轨道交通种类繁多，按照用途可分为城市铁路、市郊铁路、地下铁道、轻轨交通、城市有轨电车、独轨交通、磁悬浮线路、机场联络铁路、新交通系统等。

（2）城市交通子系统功能评价指标体系的构建

采用频度分析法和德尔菲法，即首先根据国家统计年鉴、国内外学者研究成果、《城市道路交通规划设计规范》GB 50220—95、《城市道路交通管理评价指标体系》（2005 年版）等其他城市交通相关统计资料，广泛收集可以反映城市交通子系统三大功能目标的投资效果评价指标，建立原始指标数据库，进行频度统计，选取出使用频率较高的指标；然后将初步选出的指标设立调查问卷，发给行业内的专家，请专家对指标的重要性进行判断和打分。根据专家打分的结果，选取分值较高的一些指标，最终建立了由 9 个评价指标构成的功能评价指标体系。这 9 个评价指标是充分结合了两大类城市交通基础设施的特点，并尽量选择综合性指标来共同反映城市交通子系统的经济效益、社会效益、环境效益的。各评价指标的具体确定方法如下：

1）路网密度 $e(1)$——单位：公里/平方公里

路网密度是用来反映城市交通线路网分布疏密程度的综合性指标，主要是由城市道路网密度和轨道交通运营线网密度二者加权平均得到。其中，城市道路网密度是指建成区内道路长度与建成区面积的比值（道路指有铺装的宽度 3.5 米以上的路，不包括人行道）；轨道交通运营线网密度是指轨道交通运营线网长度与建成区面积的比值；城市道路和轨道交通在交通子系统中的权重 $w_{3j}(j=1，2)$ 根据城市功能和发展规划以及两类交通基础设施的特点，通过专家调查法（如德尔菲法）确定。

2）站点覆盖率 $e(2)$——单位:％

城市交通站点覆盖率要依据公交站点和轨道交通站点两类站点的覆盖情况来考虑，主要是由公交站点覆盖率和轨道交通站点覆盖率二者加权平均得到。其中，以公交站点为圆心，用合理的步行距离（一般取 300m 或 500m）为服务半径作圆，计算其覆盖面积，则公交站点覆盖率的计算公式为：

$$f = \frac{\sum_{i=1}^{n} S_i}{A} \times 100\% \tag{5-16}$$

式中　f——公交站点覆盖率；

n——公交站点的数量，个；

S_i——每个公交站点的覆盖面积，km^2；

A——建成区面积，km^2。

同样，以轨道交通站点为圆心，用合理的步行距离（一般取600m）为服务半径作圆，计算其覆盖面积，则轨道交通站点覆盖率的计算公式为：

$$f' = \frac{\sum_{i=1}^{n'} S_i'}{A} \times 100\%$$ (5-17)

式中 f'——轨道交通站点覆盖率；

n'——轨道交通站点的数量，个；

S_i'——每个轨道交通站点的覆盖面积，km^2；

A——建成区面积，km^2。

3）线网负载客运量 $e(3)$——人/（日·km）

线网负载客运量是指城市交通线路网平均每日每公里承担的客运总量，是用来反映城市交通线路网客运效果的综合性指标，主要是由城市道路平均每日每公里承担的客运量和轨道交通平均每日每公里承担的客运量加权平均得到。

4）就业比重 $e(4)$——单位：%

就业比重是指城市交通子系统的就业人员数占城市就业人员总数的比重，是用来评价城市交通子系统就业机会的综合性指标，其中，城市交通子系统的就业人员数是指城市道路交通和轨道交通两大行业就业人员数的总和。从鼓励就业的角度来看，就业比重越大，城市交通子系统的社会效益就越好，具体计算公式为：

$$e(4) = \frac{d_1 + d_2}{d} \times 100\%$$ (5-18)

式中，d_1、d_2 分别为城市道路交通、轨道交通两大行业的就业人员数，d 为城市就业人员总数。

5）灾后恢复交通畅通时间 $e(5)$——单位：h

灾后恢复交通畅通时间是用来反映暴雨、暴雪、地震、洪水、海啸、台风等自然灾害发生之后的城市交通保障应急能力，衡量恢复城市交通顺畅运行的效率和交通基础设施御灾可靠性的量化指标。该指标的具体数值主要是指被评价城市当年发生的各次自然灾害后恢复交通畅通时间的平均值，在统计计算时，若该城市不存在由于自然灾害导致交通阻断的情况，则视为该城市交通子系统御灾可靠性最强。

6）噪声超标率 $e(6)$——单位：%

在交通子系统中，无论是城市道路还是轨道交通基础设施的使用过程中都会产生大量的噪声污染，给社会、环境带来极大影响，因此，噪声超标率就是用来反映交通噪声污染情况的相对性指标，主要由城市道路路段噪声超标率和轨道交通路段噪声超标率二者加权平均得到。其中：

$$城市道路路段噪声超标率 = \frac{超标路段长度}{路段总长度} \times 100\%$$

$$轨道交通路段噪声超标率 = \frac{超标路段长度}{运营线网总长度} \times 100\% \qquad (5-19)$$

城市道路路段噪声超标率的具体数值可以从《中国统计年鉴》中直接得到，而轨道交通路段噪声超标率需在城市交通状况公报中获得。

7）SO_2 日均值超标率 $e(7)$——单位：%

城市交通子系统运营过程中，道路上的机动车排出的大量 SO_2 尾气是造成城市大气污染严重的主要原因之一，所以选取 SO_2 日均排放量超过国家二级标准的天数占一整年的比率，即 SO_2 日均值超标率作为大气质量评价的指标之一，该指标数值可在城市交通状况公报中获得。

8）TSP 日均值超标率 $e(8)$——单位：%

作为大气质量评价中的另一个通用的重要污染指标"总悬浮颗粒物"是指能悬浮在空气中，空气动力学当量直径小于 $100\mu m$ 的颗粒物，又称为TSP。因此，选取 TSP 日均值超过国家二级标准的天数占一整年的比率，即 TSP 日均值超标率作为衡量城市交通子系统大气污染状况的相对性指标，该指标数值可在城市交通状况公报中获得。

9）电磁污染超标率 $e(9)$——单位：%

由于轨道交通基础设施（尤其是磁悬浮线路）运营使用过程中，存在着大量电磁污染隐患，对社会群众造成的伤害是不容忽视的，所以，电磁污染超标率这一指标就是为此设置的。计算公式为：

$$电磁污染超标率 = \frac{轨道交通电磁污染超标长度}{运营线网长度} \times 100\% \qquad (5-20)$$

但依据我国统计部门的现有技术水平，计算公式中的轨道交通电磁污染超标长度的具体量化值还难以确定，尚需进一步研究。

5.2.4 城市邮电子系统

城市邮电系统是现代城市的重要基础设施之一，是城市公用事业的组成部分，指运用邮电通信手段传递信息达到通信目的的系统，分为邮政系统和电信系统。邮政系统指的是传递信函为主的通信系统。电信系统指的是利用有线电、无线电等电磁系统传递符号、文字、图像等信息的通信系统。邮电系统保持了快速的发展，邮政业务量不断持续增长，电信系统构建起了全方位、多层次、多方式的网络体系，渗透到了国民经济的各个行业和各个领域，为人们的生活提供了更加方便、快捷的通信方式。随着信息化进程的不断加快，邮电系统的作用日益重要，人们对邮电业的功能需求不断提高。

(1) 城市邮电子系统的分类及其特点

城市邮电子系统主要包括邮政网点、电信网点、邮政网络、电信网络四类，其具体内容如下：

1) 邮政网点。邮政网点涵盖了邮政系统提供服务所采取的载体，包括自办邮政网点、邮政储蓄所、代办邮政网点和信箱、信筒四种主要方式。自办邮政网点主要指邮政系统内部所设立的网点，代办邮政网点指外部机构通过向邮政系统申请而开设的网点，目前全国邮政支局（所）和服务网点已达到7.6万处。邮政储蓄所是在邮政网点基础上开展起来的金融机构，截至2008年4月末，我国邮政储蓄网点达36000多个，成为国内营业网点最多的金融机构。信箱、信筒是指邮政机构为了方便公众投递信件所设立的邮政专用箱式设备。

2) 电信网点。电信是信息化社会的重要支柱。在人们日常生活的方方面面，都离不开电信这个高效、可靠的手段。电信网点是电信网络中的节点，称为局。局就是一个节点，如果是基站、接入网等直接面向用户的局，是端局；如果是上一层的面向基站、接入网等端局的局，则是汇接局或者中心局。按照经销商，电信网点主要包括自办电信网点和代办电信网点两种类型。自办电信网点主要是电信系统自办；代办电信网点主要是社会渠道通过电信系统的申请代办。

3) 邮政网络。邮政网络指邮政系统传递各类邮件、货物的运输网络、投递段道等支撑力量的总称。根据邮路性质不同，邮政网络可以分为航空邮路、铁路邮路、汽车邮路以及数目可观的步班、马班等邮路。目前，我国邮政航空邮路中，1/3以上的空运邮件实现自主运输，初步形成了邮政集散式的航空快速网；铁路邮路以铁路提速为契机，加挂干线快速邮运列车，进一步优化了铁路邮路；汽车邮路开通了若干干线夜间邮路，使汽车运输网路调度组织得更加合理。邮路的不断调整、升级，大大提高了邮政系统传递的效率。根据邮路所覆盖的范围，邮政网络还可以分为邮路总路线和农村投递线路。

4) 电信网络。电信网络是构成多个用户相互通信的多个电信系统互联的通信体系，是人们实现远距离通信的重要基础设施，利用电缆、无线、光纤或者其他电磁系统，传送、发射和接收标识、文字、图像、声音或其他信号。它不仅包括电报、电话等传统电信媒体，也包括光纤通信、数据通信、卫星通信等现代电信媒体，不仅包括上述双向传送信息的媒体，也包括广播、电视等单向信息传播媒体。按电信业务的种类电信网络可以分为：电话网、电报网、用户电报网、数据通信网、传真通信网、图像通信网、有线电视网等。现在通信体系正在向数字化的电信网络发展，将逐渐代替模拟通信的传输和交换，并且向智能化、综合化的方向发展。由于电信网络具有全程全网互通的性质，已有的电信网络不能同时更新，电信网络的发展是一个逐步的过程。

随着信息技术的发展，根据传输媒介的不同，电信网络可以分为有线网络和无线网络，无线网络就是利用无线电波作为信息传输的媒介构成的无线局域网，与有线网络的用途十分类似，它利用无线电技术取代网线，可以和有线网络互为备份。目前主流应用的无线网络分为 GPRS 手机无线网络上网和无线局域网两种方式。

（2）城市邮电子系统功能评价指标体系的构建

城市邮电子系统功能指标的选取可以采用频度分析法和德尔菲法，即首先广泛收集相关文献中关于邮电基础设施各功能的投资效果评价指标，建立原始指标数据库，进行频度统计，选取出使用频率较高的指标；然后将初步选出的指标设立调查问卷，发给行业内的专家，请专家对指标的重要性进行判断和打分。根据专家打分的结果，选取分值较高的一些指标，建立功能评价指标体系。根据统计结果，指标体系中共包含 7 个综合评价指标，具体如下：

1）邮政网点密度 $e(1)$——单位：个/万人·km^2

邮政网涵盖了邮政系统提供服务采取的所有的载体，包括自办邮政网点、邮政储蓄所、代办网点和信箱、信筒主要四种方式。邮政网点密度就是指在一定范围内，每万人所拥有载体的密度，即：

$$邮政网点密度 = \frac{四种载体之和}{该地区总人数 \times 该地区面积} \quad (5-21)$$

其中，具体数据来自各地统计数据或年鉴。

2）邮政网络密度 $e(2)$——单位：%

在邮政评价方面，城市邮政事业尽管受到物流产业和互联网的巨大冲击，但仍存在天然的优势，如服务的安全性，以及多年发展所形成的网络体系。考察城市邮政网络是否发达，除邮政网点密度外，也要衡量邮政网络密度这一指标。邮政网络密度描述了在一定地区内邮政路线的覆盖密度。邮政网络包括邮路总路线和农村投递线路总长度，以公里为单位。

$$邮政网络密度 = \frac{邮政网络长度}{该地区总路线长度} \times 100\% \quad (5-22)$$

其中，具体数据来自各地统计数据或年鉴。

3）电信无线网络覆盖率 $e(3)$——单位：%

电信无线网络覆盖率反映了一定地区内的数字化程度。从客户端角度，电信无线网络包括 GPRS 手机无线网络上网和无线局域网两种方式。电信无线网络覆盖率从供应商角度进行衡量，表示为电信无线网络的覆盖面积与电信系统辖区总面积之比，即：

$$电信无线网络覆盖率 = \frac{电信无线网络覆盖面积}{电信系统辖区总面积} \times 100\% \qquad (5\text{-}23)$$

4）电信网络接通率 $e(4)$——单位：%

电信网络接通率从一定程度上反映了电信网络系统的服务质量水平，电信网络接通率越高则电信网络的可靠性越高。电信网络接通率排除了由用户所引起的不畅通，主要涉及线路以及交换机等的质量水平。电信网络接通率表示为：

$$电信网络接通率 = \frac{接通次数 + 被叫过失}{有效呼叫 - 主叫过失} \times 100\% \qquad (5\text{-}24)$$

5）就业比重 $e(5)$——单位：%

就业比重反映了邮电子系统的投资对于社会就业方面的影响，是用来评价城市邮电子系统就业机会的综合性指标。就业比重具体指城市邮电子系统的就业人员数占城市就业人员总数的比重，其中城市邮电子系统的就业人员数包括邮政业和电信业两类就业人员总数之和，计算公式为：

$$e(5) = \frac{邮政业就业人员 + 电信业就业人员}{城市就业人员总数} \times 100\% \qquad (5\text{-}25)$$

6）灾后恢复时间 $e(6)$——单位：h

灾后恢复时间反映了城市邮电子系统在暴雨、暴雪、地震、洪水、海啸、台风等自然灾害发生之后的防灾应急能力；作为量化指标，综合反映了城市邮电子系统的备用设施及维护能力以及灾后邮路调整能力。灾后恢复时间的具体数值主要是指被评价城市当年发生的各次自然灾害后邮电子系统恢复正常使用功能时间的平均值。另外，如果灾害发生后，邮电子系统依然能够发挥正常使用功能，则说明其御灾可靠性最强。

7）电磁污染超标率 $e(7)$——单位：%

由于邮电子系统的特殊性，邮电系统对环境造成了一定的影响，主要体现在邮电通信设施及其他电子设备所造成的电磁污染。在这里，电磁污染超标率主要考虑到单位面积内的电磁污染应达到一定范围水平内。根据检测得到一个地区内的电磁污染超标覆盖面积与该地区面积之比，作为电磁污染超标率。

$$电磁污染超标率 = \frac{该地区电磁污染超标覆盖面积}{该地区面积} \times 100\% \qquad (5\text{-}26)$$

5.2.5 城市环境子系统

城市环境基础设施是指与保护环境和改善城市环境质量密切相关的一类环境公共设施，环境基础设施是城市建设和管理的重要组成部分，是防治污染、改善环境质量的物质基础。随着中国经济建设的发展，中国城市化进程已经进入高速发展阶段。而在这个过程中，人口的密集、产业的集聚和城市规模的扩大给城市带来了负面影响，许多城市出现了环境污染和生态破坏问题。在相当长的一个历史时期内，城市的生态环境将继续承受沉重的压力。不过，经济的发展也为加大环境保护基础建设投资、改善生态环境提供了物质基础。各级政府逐步加强了对环境的治理力度，各类环保基础设施也越来越多的兴建起来。

（1）城市环境子系统的分类及其特点

城市环境子系统分为四大类别，即园林绿化设施、污水处理设施、垃圾处理设施及其他设施，具体内容及其特点如下：

1）园林绿化设施。根据城市统计年鉴，城市园林绿地指城市建成区内的公共绿地、道路绿地、居住区绿地、单位附属绿地、防护绿地、生产绿地、风景林地等。公共绿地包括各级公园、专题公园、小游园、街道广场绿地。作为城市环境子系统基础设施的园林绿化项目，包括各类公共绿地、防护绿地和风景园林等由政府投资的绿地项目。各类园林绿地中，有些作为独立的项目进行建设，有些则包含在其他项目中。在计算投资时，如果是独立项目，则直接使用其投资额进行计算，如果是包含在其他项目中，则将其投资剔除出来，进行计算。

城市园林绿化已由一般的文化休闲、卫生防护、游览观赏功能向保护环境、防治污染、保持城市生态平衡的方向发展。园林绿化能够改善城市生态，提高环境质量。如吸收废、毒气体、除尘杀菌，净化空气保持水土，防风固沙、防止噪声、调节城市小气候等。另外，园林植物有利于形成城市良好风貌。园林绿化基础设施的功能特征见表 5-2。

园林绿化基础设施的功能特征　　　　　　　　　　　　　　表 5-2

项 目 类 别	特　征	功　能
城市园林绿化项目	社会性	美化城市
		增加城市吸引力
		为居民提供休闲场所
		增加城市就业机会
		提供救灾的开阔空间
	经济性	促进城市绿化行业经济发展
		促进旅游经济
	环保节能性	净化空气　提高空气质量
		调节气候
		净化水系,涵养水源
		降低噪声
		水土保持
		减轻城市热岛效应

2）污水处理设施。按污水来源分类，一般分为生产污水和生活污水。生产污水包括工业污水、农业污水以及医疗污水等。在建筑、交通、能源、石化、环保、城市景观、医疗、餐饮等各个领域，污水处理被广泛应用。污水处理设施指输送生产和生活污水的管网及污水处理厂，也包括各类企业用于防治水污染和经处理后综合利用水资源的实有设施（包括构筑物），如企业内部的废水处理设施和工业区内设置的单纯处理工业废水的集中处理装置。这些项目中，有些独立进行投资，如污水处理厂，有些则是作为配套设施进行建设，如企业内部的废水处理设施和工业区内的工业废水集中处理装置。计算投资时，污水处理项目是指由政府投资的，包括独立的污水处理厂及工业厂区中政府投资的污水处理配套设施项目。

由于污水处理的成本回收期长，甚至在整个项目寿命期内无法回收，此类项目一般由政府作为公益性项目进行投资。虽然无数处理设施项目的经济性不很明显，但是其社会效益和环境效益却极为显著。污水处理设施投资项目的社会性主要体现在利于改善服务区内居民的生活环境，一般来说主要是有利于城市居民，它对维持城市良好的环境发挥着重要作用。另外，污水设施项目在建设和运营期需要工人进行操作，可以为城市提供就业机会；在环保节能方面，随着水资源的日益匮乏，污水处理设施能够实现水资源的重复利用，为人类提供了新的水源，这具有深远的意义。

3）垃圾处理设施。城市垃圾主要分为生活垃圾和工业生产垃圾两部分，生活垃圾是指在城市日常生活中或为城市日常生活提供服务的活动中产生的固体废物，主要包括居民生活垃圾、街道保洁垃圾、商业垃圾、集贸市场垃圾、公共场所垃圾、机关学校垃圾、厂矿生活垃圾。工业垃圾主要指企业生产所排出的工业固体废弃物，包括企业在生产过程中产生的固体状、半固体状和高浓度液体状废弃物的总量，包括危险废物、冶炼废渣、粉煤灰、炉渣、煤矸石、尾矿、放射性废物和其他废物等。工业生产垃圾在生产的过程中通过回收、加工、循环、交换等方式，从中提取或者使其转化为可以利用的资源、能源和其他原材料，这些处理过程在企业内部进行或通过专门的垃圾处理厂进行。生活垃圾主要按照收集、中转储存及处理的流程进行处理，处理方式分为分选回收、堆积、填埋、焚烧、堆肥等。

垃圾处理设施项目分为两部分，一部分是生活垃圾处理设施项目，一部分是生产垃圾处理设施项目。前者包括了由政府投资的垃圾的收集、中转存储和垃圾处理场站等设施，后者包括了政府投资的工业厂区垃圾处理设施项目。

通过垃圾设施的处理，一般可以实现垃圾的减量化、资源化和无害化，这为环境清洁和资源利用提供了有效途径，也为人们的生产生活提供了便利。

垃圾处理设施投资可以带来的经济效益、社会效益和环境效益见表5-3。

垃圾处理基础设施的功能特征　　　　　表 5-3

项 目 类 别	特　　征	功　　能
城市垃圾处理设施项目	社会性	提高公众的环保意识
		美化城市
		增加城市就业机会
	经济性	回收金属、塑料、纸张等资源
		回收厨余垃圾做饲料或肥料
		回收焚烧垃圾的能量
		回收砖石垃圾作为建材
	环保节能性	保持城市清洁，提高空气质量
		实现资源和能源的重复利用

4）其他设施。其他设施主要是指政府投资的其他环境基础设施项目，包括投资于监测环境变化而建立的环境监测站点，如气象监测站点、地表水质监测站点、近岸海域监测站点以及植被监测站点等，也包括为防治核污染、电磁污染等进行的投资项目，还包括投资于自然保护区和国家生态示范区的项目。这些基础设施投资在整个环境子系统中的比例不大，甚至隐藏在人们日常生活的背后，不被关注，但却为人们的生产生活提供重要信息。环境监测站点可以及时监测到灾害天气，能够为地震等灾害提供预警，在抗震防灾中发挥重要作用，为人们的日常生产生活提供保障，在社会性和环保节能性方面具有重要的意义。

（2）城市邮电子系统功能评价指标体系的构建

城市环境子系统在减轻环境污染，维护生态平衡，提高环境质量，保证人们的生产生活等方面发挥重要作用，城市环境子系统建设和运行的过程中，也带来经济效益、社会效益和环境效益。为获取城市环境子系统功能指数，首先要准确、全面地收集能够反映环境子系统功能的评价指标。通过对以往文献和各类统计年鉴中关于城市环境基础设施功能的指标进行收集，建立原始的备选指标库，见表5-4。

通过对备选指标库中的指标进行频度分析和主成分分析，对部分指标进行综合整理，并通过征求专家意见，引进最能反映出环境子系统功能的其他指标。最后，运用主观预测法，由本领域内专家打分最终确定了7个最具代表性的指标，构成环境子系统的功能评价指标体系。

园林绿化项目评价指标	1	城市绿地率
	2	建成区绿化覆盖率
	3	人均城市绿地面积
污水处理项目评价指标	4	工业用水
	5	生活用水
	6	生活污水排放量
	7	工业废水排放量
	8	工业废水排放达标量
	9	工业废水排放达标率
	10	直接排入海的
	11	工业废水排放达标率
	12	废水治理设施数
垃圾处理设施评价指标	13	工业固体废物产生量
	14	工业固体废物综合利用量
	15	工业固体废物综合利用率
	16	工业固体废物处置量
	17	工业固体废物排放量
	18	生活垃圾清运量
	19	生活垃圾无害化处理率
其他设施评价指标	20	工业废气处理率
	21	城市建成区噪声达标率
	22	自然保护区数
	23	自然保护区面积
	24	自然保护区面积占辖区面积
	25	生态示范区数

1）城市建成区绿化率 $e(1)$——单位：％

根据住房与城乡建设部颁布的《城市规划基本术语标准》，城市建成区在单核心城市和一城多镇有不同的反映。在单核心城市，建成区是一个实际开发建设起来的集中连片的、市政公用设施和公共设施基本具备的地区，以及分散的若干个已经成片开发建设起来，市政公用设施和公共设施基本具备的地区。对一城多镇来说，建成区就由几个连片开发建设起来的，市政公用设施和公共设施基本具备的地区所组成。城市建成区绿化率是指城市建成区内的园林绿化设施面积占建成区面积的百分比。计算公式为：

$$城市建成区绿化率 = \frac{建成区内园林绿化设施面积}{建成区总面积} \times 100\% \quad (5\text{-}27)$$

城市中居民平均每人占有公共绿地的数量，城市各类绿地（含公共绿地、道路绿地、居住区绿地、单位附属绿地、防护绿地、生产绿地、风景林地等七类）总面积占城市面积的比率。公共绿地包括各级公园、专题公园、小游园、街道广场绿地等。

2）污水处理达标率 $e(2)$——单位：％

污水处理达标率是指污水排放处理达标量占污水排放总量的百分比，计算公式为：

$$污水处理达标率 = \frac{污水排放处理达标量}{污水排放量} \times 100\% \qquad (5-28)$$

其中，污水排放处理达标量＝生活污水排放达标量＋生产废水排放处理达标量

污水排放量＝生活污水排放量＋工业废水排放量

生活污水排放量指城镇居民每年排放的生活污水，用人均系数法测算，公式为：

生活污水排放量＝城镇生活污水排放系数×市镇非农业人口×365

工业废水排放量是指从企业排污口排出的工业废水，包括未经处理外排的，排向污水处理厂的，以及排向其他政府投资的废水处理设施的工业废水总量，但不包括排向非政府投资的废水处理设施的废水量。

工业废水排放处理达标量是指废水中各项污染物指标都达到国家或地方排放标准的外排工业废水量，包括经政府投资的废水处理设施处理后达标排放的，以及经污水处理厂处理后达标排放的，但不包括经过非政府投资的废水处理设施处理达标的。生活污水排放达标量是指生活污水排放后经污水处理设施处理后的达标量。

3）生活垃圾无害化处理率 $e(3)$——单位：％

生活垃圾指城市日常生活或为城市日常生活提供服务的活动中产生的固体废物以及法律行政规定的视为城市生活垃圾的固体废物，包括居民生活垃圾、商业垃圾、集市贸易市场垃圾、街道清扫垃圾、公共场所垃圾和机关、学校、厂矿等单位的生活垃圾。所谓生活垃圾无害化处理，是指通过分选回收、堆积、填埋、焚烧、堆肥等方式对垃圾进行处理。生活垃圾无害化处理率是指生活垃圾无害化处理量与生活垃圾产生量比率。由于生活垃圾产生量的数据不易取得，可用清运量代替。计算公式为：

$$生活垃圾无害化处理率 = \frac{生活垃圾无害化处理量}{生活垃圾产生量} \times 100\% \qquad (5-29)$$

其中，生活垃圾清运量是指计算期内收集和运送到垃圾处理厂（场）的生活垃圾数量。另外，生活垃圾无害化处理量是指经过政府投资的垃圾处理设施处理的数量。

4）工业固体废物处理率 $e(4)$——单位：%

工业固体废弃物是指计算期内企业在生产过程中产生的固体状、半固体状和高浓度液体状废弃物的总量，包括危险废物、冶炼废渣、粉煤灰、炉渣、煤矸石、尾矿、放射性废物和其他废物等；不包括矿山开采的剥离废石和掘进废石，但包括煤矸石和呈酸性或碱性的废石。酸性或碱性废石指采掘的废石其流经水、雨淋水的 pH 值小于 4 或 pH 值大于 10.5 者。

工业固体废物综合利用量是指报告期内企业通过回收、加工、循环、交换等方式，从固体废物中提取或者使其转化为可以利用的资源、能源和其他原材料的固体废物量（包括当年利用往年的工业固体废物贮存量），如用作农业肥料、生产建筑材料、筑路等。

工业固体废物贮存量是指报告期内企业以综合利用或处置为目的，将固体废物暂时贮存或堆存在专设的贮存设施或专设的集中堆存场所内的数量。专设的固体废物贮存场所或贮存设施必须有防扩散、防流失、防渗漏、防止污染大气、水体的措施。

工业固体废物处置量是指报告期内企业将固体废物焚烧或者最终置于符合环境保护规定要求的场所，并不再回取的工业固体废物量（包括当年处置往年的工业固体废物贮存量）。处置方式有填埋（其中危险废物应安全填埋）、焚烧、专业贮存场（库）封场处理、深层灌注、回填矿井及海洋处置（经海洋管理部门同意投海处置）等。

工业固体废物处理率指工业固体废物综合利用量与处置量之和占工业固体废物产生量、综合利用往年贮存量与处置往年存贮量之和的百分率。在这里，处理量是指经过国家投资的基础设施处理过的数量。计算公式为：

$$工业固体废物处理率=$$
$$\frac{工业固体废物综合利用量＋工业固体废物处置量}{工业固体废物产生量＋综合利用往年存储量＋处置往年存储量}\times100\%$$

5）环境监测站点覆盖率 $e(5)$——单位：%

环境监测站点覆盖率指城市辖区内环境监测站点数，包括气象监测站点、地表水质监测站点、近岸海域监测站点以及植被监测站点的数量，与城市辖区面积的比值，计算公式为：

$$环境监测站点覆盖率=$$
$$\frac{气象站点＋地表水质监测站点＋近岸海域监测站点＋植被监测站点}{城市辖区面积}\times100\%$$

6）就业比重 $e(6)$——单位：%

城市环境子系统中，就业比重指环保行业就业的总人数与全国就业总人数的百分比，其中，就业人数包括城市环境卫生单位的工作人员、污水处理厂的工作人员、废弃资源和废旧材料回收加工业就业人员与环境管理业就业人员之和表示，计算公式为：

$$就业比重 = \frac{环保行业就业人数}{就业总人数} \times 100\% \qquad (5\text{-}30)$$

对于此项指标，数值越大，则说明本子系统的社会效益发挥的越好，反之则越差。

7）灾后恢复时间 $e(7)$——单位：小时

自然灾害发生之后，城市环境子系统会遭到一定程度的破坏，如果城市环境子系统的各项功能不能迅速恢复，不但会给人们的生产生活造成极大的不便，而且对人们的健康会带来严重威胁，为传染病的扩散创造条件，因此，环境子系统各项功能的迅速恢复，具有重要的社会作用和环境效益。环境子系统的御灾可靠性可以用灾后恢复时间来衡量。灾害恢复时间就是灾难发生后环境子系统各类基础设施功能恢复正常功能需要的时间。该指标的具体数值主要是指被评价城市当年发生的各次自然灾害后环境子系统恢复正常使用功能时间的平均值。另外，如果灾害发生后，环境子系统依然能够发挥正常使用功能，则说明其御灾可靠性最强。

5.3 开展城市基础设施子系统投资效果评价的对策和建议

5.3.1 关于城市基础设施子系统投资效果评价指标的设计和选取

（1）淘汰落后指标

通过查找大量国内外相关文献，出现频率较高的城市基础设施评价指标总结见表5-5。

城市基础设施评价常用指标   表 5-5

城市基础设施	一级指标	二 级 指 标
城市能源子系统	供气	人工煤气供应量、人均天然气供应量、液化石油气供应量、城市气化率
	供热	集中供热面积、集中供热管网密度、城市集中供热率
	供电	人均用电量
	能耗结构	电力占能耗总量比例、油料占能耗总量比例、燃气占能耗总量比例、煤占能耗总量比例、能源利用率
城市水资源及给排水子系统	水资源	城市地表水功能区水质达标率、近岸海域功能区水质达标率
	给水	自来水综合生产能力、供水普及率、人均供水量、出厂水质合格率
	排水	人均下水道长度、排水管网密度、污水处理能力、工业废水排放达标率、污水再生利用率、城市污水集中处理率、设计暴雨重现期
城市交通子系统	道路交通	人均道路长度、人均道路面积、道路网密度
	公共交通	每万人拥有公交车数量、轨道交通长度
城市邮电子系统	邮政	邮电业务总量、邮政网点密度
	通信	每百人电话数量、互联网用户数、互联网普及率、住宅电话普及率、移动电话普及率、有线电视覆盖率

城市基础设施	一级指标	二级指标
城市环境子系统	绿化	公共绿地率、建成区人均公共绿地面积、建成区绿化覆盖率、公园面积
	环卫	城市环卫车辆数、生活垃圾无害化处理率、工业固体废物处理率、道路保洁机械化清扫率
	空气质量	城区大气 SO_2 年日平均浓度、大气总悬浮微粒年日平均浓度、空气质量优良天数/空气质量好于或等于二级标准的天数(天)
城市防灾子系统	设防标准	城市防洪标准、城市抗台设防标准、城市抗震设防标准、城市消防站设置标准、城市地面平均沉降控制标准、城市人防设防标准

表 5-5 所列举的常用评价指标存在以下方面问题：

1）部分指标与现实脱节。在城市基础设施各子系统的常用评价指标中，均存在部分指标与现实脱节的问题，在城市邮电、子系统中表现得尤为突出。随着第三方物流产业的繁盛以及移动通讯、互联网技术的广泛应用，表5-5中所示的城市邮电子系统常用评价指标已不再适用。例如，城市住宅电话数量已随着通讯方式的多样化而大幅锐减，因此，住宅电话普及率这一指标已与现实严重脱节。其余的评价指标如每百人电话数量、互联网用户数、互联网普及率、移动电话普及率、有线电视覆盖率等，也已不具代表性。在城市基础设施其他子系统中，也存在类似的问题。例如，在城市能源子系统中，由于供热方式的多样化，集中供热相关指标不能准确反映城市的供热水平。在城市环境子系统中，随着全社会对 PM2.5 指标的重视，所选用的总悬浮颗粒物浓度很难真实反映空气质量。

2）指标反映内容不全面。在城市基础设施各子系统中，均不同程度地存在指标不全面的问题。例如，在城市水资源及给排水子系统中，传统指标未能充分反映城市自来水水质，尤其是用户端水质，以及雨水排放的有效性及再生水的循环利用状况，这与当前的行业趋势和社会需求形成了突出的矛盾。

3）忽略对功能水平和服务品质的评价。由表 5-5 可以看出，城市基础设施各子系统中，很多指标反映的都是设施的拥有数量，如集中供热面积、排水管道长度、人均下水道长度、建成区人均公共绿地面积、城市环卫车辆数、公园面积等。在这些指标中，无论是总量指标，还是人均量指标，都无法真正反映所拥有设施实际达到的功能水平和服务品质。

4）对城市基础设施子系统间的关联关注不够。城市基础设施的各子系统，彼此之间并不是孤立存在的，而是相互联系、相互作用的关系。例如，城市能源、水资源及给排水、交通、邮电、环境五个子系统均承担着防灾的功能，因此，在各子系统中都应设置相应的指标。而表5-5所示的防灾子系统评价指标，却忽略了与其他子系统间的关联。

5）缺少对投入产出的衡量。基于城市基础设施投资的巨额性、公共性和社会性，对城市基础设施的评价，不能只注重城市基础设施投资的产出，应结合投入的大小，考察其投资效果的好坏。对投入产出的衡量，不仅包括单个项目的投资效果，同时也包括各子系统及城市基础设施系统的投资结构。一直以来，对城市基础设施的评价，缺少从各子系统层面以及城市基础设施系统层面衡量投入产出的相关指标。

（2）构建城市基础设施现代化水平评价指标体系

针对传统评价指标存在的问题，表5-6所列的评价指标可为构建城市基础设施现代化水平评价指标体系提供参考。

建议选取的评价指标　　　　　　　表 5-6

城市基础设施	一级指标	二 级 指 标
城市能源子系统	供气	人均天然气供应量、灾后恢复供气时间
	供热	集中采暖室温达标率
	供电	人均供电量、供电可靠率、灾后恢复供电时间
	能耗结构	清洁能源供应比重
城市水资源及给排水子系统	水资源	人均储水量、城市地表水功能区水质达标率及综合达标率、城市地下水水质达标率及综合达标率、近岸海域功能区水质达标率及综合达标率
	给水	人均供水量、供水管网漏损率、出厂水质达标率、用户端水质达标率、灾后供水恢复时间
	排水	排水管网密度、设计暴雨重现期、暴雨积水路段比例、再生水利用率、人均防洪容量、城市污水集中处理率、污水处理达标率、工业废水排放达标率
城市交通子系统	道路交通	道路网密度、道路交通拥堵率、灾后恢复交通畅通时间、噪声超标率
	公共交通	站点覆盖率、线网负载客运量、轨道交通网密度
城市邮电子系统	邮政	邮政网点密度、邮政网络密度
	通信	电信无线网络覆盖率、电信网络接通率、电磁污染超标率、灾后恢复时间、气象灾害预警信息公众覆盖率
城市环境子系统	绿化	公共绿地率、建成区人均公共绿地面积、建成区绿化覆盖率
	环卫	生活垃圾无害化处理率、工业固体废物处理率、城市环卫车辆数、道路保洁机械化清扫率、垃圾分类处理率
	空气质量	PM2.5达标天数
	环境监测	环境监测站点覆盖率

（3）指标说明

由表5-6可知，在保留部分常用指标的基础上，各子系统都新增了一些评价指标。有一些新增指标在5.3.1中已涉及过，以下就各子系统其余的新增指标进行说明。

1）城市能源子系统。新增设了灾后恢复供气（电）时间、集中采暖室温达标率、供电可靠率、清洁能源供应比重等指标。其中，集中采暖室温达标率。由于采暖方式的多样化，相比于城市集中供热率，集中采暖室温达标率能更好地反映城市集中供热水平。该指标的计算见式（5-31）：

$$集中采暖室温达标率=\frac{集中采暖室温达标户数}{集中采暖总户数}\times100\% \quad (5-31)$$

2）城市水资源及给排水子系统。该子系统中，在水资源、供水、排水评价方面，均新增设了评价指标。

① 水质达标率。城市地表水功能区、地下水、近岸海域功能区的水质达标率，计算过程见式（5-32）：

$$水质达标率=\frac{达标指标数}{指标总数}\times100\% \quad (5-32)$$

② 水质综合达标率。城市地表水功能区、地下水、近岸海域功能区的水质达标率，计算过程见式（5-33）：

$$水质综合达标率=\frac{水质达标个数}{检测总数}\times100\% \quad (5-33)$$

③ 供水管网漏损率。该指标是针对我国城市供水管网年久失修、跑冒滴漏情况严重的现象而设置的，反映城市供水管网的效率和管理水平。计算过程见式（5-34）：

$$供水管网漏损率=\frac{统计期管网漏水量}{统计期供水总量}\times100\%$$

$$=\frac{统计期总供水量-统计期有效供水量}{统计期总供水量}\times100\% \quad (5-34)$$

④ 用户端水质达标率。按照世界卫生组织的要求，水质达标是对用户端而言的。相比于出厂水质达标率，用户端水质达标率更能真实反映城市供水系统的功能水平和服务品质。计算过程见式（5-35）：

$$用户端水质达标率=\frac{达标指标数}{指标总数}\times100\% \quad (5-35)$$

⑤ 污水处理达标率。该指标的增设，强调不仅要重视污水集中处理的数量，更要衡量污水处理的效果和质量。计算过程见式（5-36）：

$$污水处理达标率=\frac{统计期累计达标处理水量}{统计期累计处理水量}\times100\% \quad (5-36)$$

⑥ 暴雨后积水路段比例。针对近年来我国很多城市出现的暴雨后低洼路段和涵洞积水的现象，设置暴雨后积水路段比例指标来衡量城市排水系统的效率。计算过程见式（5-37）：

$$暴雨后积水路段比例=\frac{暴雨后主干道积水路段长短}{城市主干道路总长}\times100\% \quad (5-37)$$

3）城市交通子系统。该子系统中，在道路交通、公共交通评价方面，均新增设了评价指标。

① 道路交通拥堵率。该指标反映了城市道路交通的实际效果，其值为特定时段内道路网处于中度拥堵和严重拥堵等级的道路交通运行指数之和，与该时段内所有道路交通运行指数之和的比值，综合反映特定时段内的交通拥堵程度，值越大拥堵越严重。

② 轨道交通网密度。相比于城市轨道交通长度，该指标更能反映城市轨道交通的效率和效果。计算过程见式（5-38）：

$$轨道交通网密度 = \frac{城市轨道交通总长}{城市建成区面积} \times 100\% \qquad (5-38)$$

4）城市邮电子系统

预警信息公众覆盖率指标在一定程度上反映了城市邮电子系统防灾减灾的功能水平。计算过程见式（5-39）：

$$预警信息公众覆盖率 = \frac{预警信息覆盖人口数}{城市总人口数} \times 100\% \qquad (5-39)$$

5）城市环境子系统。该子系统在环卫、空气质量、环境监测等方面，新增设了一些评价指标。

① 垃圾分类处理率。垃圾分类处理率是衡量城市垃圾处理水平的指标，通过增设这一评价指标，可推进城市垃圾分类处理的进程。计算过程见式（5-40）：

$$垃圾分类处理率 = \frac{统计期城市垃圾分类处理总量}{统计期城市垃圾处理总量} \times 100\% \qquad (5-40)$$

② PM2.5 达标天数。与大气中其他粒径的颗粒物相比，直径小于或等于 2.5 微米的细小颗粒物，由于可被吸入肺，对人的健康影响最大。因此，用 PM2.5 达标天数取代大气总悬浮微粒年日平均浓度等指标。

5.3.2 关于城市基础设施子系统投资效果评价模型的应用

在前面内容中，构建了城市基础设施子系统投资效果的评价模型，但该模型的构建是基于一系列假设条件的，因此在应用模型时，应首先保证这些基本的前提条件成立。而且，该模型的具体应用需要大量数据的支持，但很多数据并非能够直接从统计年鉴获得，限制了模型的进一步实施与应用，这就对数据获取的可得性、数据的质量保证、数据的可靠性等提出了一定的要求，需要有关部门针对此，采取有效的措施，使得本研究构建的城市基础设施子系统投资效果评价模型能够进入实施领域，并在具体的应用中得到不断的改进。具体的建议如下：

（1）构建联动的各功能城市群信息汇集和发布系统

通过构建联动的各功能城市群信息汇集和发布系统，为模型应用中模糊评价集的确定提供基础信息支持。在城市基础设施子系统投资效果评价模型中，各类基础设施年均寿命周期投资水平的确定，以及子系统功能评价指标指数的计算，都需要以国际上同类功能城市群作为参照系，根据参照系中投资水平和功能评价指标值设置模糊评价集，通过模糊综合评价法来确定。因此，有关部门应首先根据功能及城市发展定位的不同对国内外典型城市进行分类，形成各功能城市群，构建各功能城市群信息汇集和发布系统，收集并向外提供数据支持，以满足对城市基础设施子系统投资效果进行评价的基本数据要求。同时，建立各功能城市群信息汇集和发布系统的联动机制，实现信息汇集和发布系统数据整体的动态更新，为城市基础设施子系统投资效果的评价提供客观、准确的城市群参照信息。

（2）建立投资信息收集、汇总、更新机制

通过建立投资信息收集、汇总、更新机制，为城市基础设施子系统投资指数的确定奠定基础。城市基础设施各子系统中，各类基础设施年均寿命周期投资水平的确定，有一系列的假设条件，其重要的一个前提是首先获知各类基础设施的平均建设期、平均运营期、建设期每年末投资额（年均值）以及运营期每年末维护成本（年均值）。由于各类基础设施下，又可细分为不同的设施，因此，这些平均值、年均值的获取相对较为复杂，在一定程度上是对各类基础设施投资特征、运营特点的综合概括和反映，需要多年各类投资项目数据的累积，只有数据样本足够大，才能得到较为准确的、具有代表性的数据值。而在当前的投资信息管理现状下，缺乏对各类基础设施日常投资数据的系统收集和汇总，这样就导致很多基础数据流失。因此，建议有关部门应加强对基础设施日常投资数据的系统管理工作，注重对各类投资项目数据的收集和汇总，并及时对这些数据进行更新，通过不断的累积，提高城市基础设施各子系统中各类基础设施的平均建设期、平均运营期、建设期每年末投资额以及运营期每年末维护成本数据的准确性和可靠性，为城市基础设施子系统投资指数的确定奠定基础。

（3）建立完善的数据获取渠道

通过建立完善的数据获取渠道，以提高城市基础设施子系统各项功能指标数据获取的可得性、准确性和权威性。与以往的研究不同，本研究中构建的城市基础设施子系统投资效果评价模型，其最大的特色在于功能评价指标体系中指标的选取有了较大的突破和创新，并不受限于统计年鉴可以获取的数据，也不局限于很多研究中一直沿用的指标，而是从指标的代表性、综合性等角度出发，采用科学的方法，对各项指标进行筛选，形成了城市基础设施子系统的功能评价指标体系。虽然并没有把数据的可得性当成第一位考虑的因素，但在指标的选取和设置中，尽量兼顾到数据的获取，在前文各项功能评价指标的说明中，也对各功能评价指标数据的获取途径进行了说明，这就需要相关部门针对这些功能指标，建立相应的统计口径，加强相关数据的收集和发布工作，使有关部门以及相关研究者能够及时获取到客观、准确、可靠的数据。

　　综上，本章综合利用价值工程原理、模糊综合评价法和网络层次分析法，提出了城市基础设施子系统投资指数和功能指数的确定方法，构建了子系统层面上的城市基础设施投资效果评价模型，并从经济、社会、环境效益等角度创造性地构建了城市基础设施子系统的功能评价指标体系。本章构建的城市基础设施各子系统的功能评价指标，突破了以往研究中评价指标选取上的局限性，更具综合性和代表性。本章的研究成果能够为相关管理部门提高基础设施投资效益提供理论依据和方法支持。

第6章 城市基础设施投资的协调性评价

由前文分析可知，正是由于城市基础设施具有系统性，因此才凸现出城市基础设施投资协调性的重要性。除城市基础设施各子系统取得良好的投资效果外，各子系统与城市经济社会间以及子系统间的协调发展关系也是城市基础设施投资效果系统评价的重要内容。本章应用协同理论和方法，对城市基础设施子系统间的协调性以及各子系统与城市经济社会发展间的协调性进行分析。

6.1 城市基础设施子系统间的协调性分析

城市基础设施由能源、水资源及给排水、交通、邮电、环境和防灾子系统组成，构成城市发展的"骨架"，支撑着整个城市大系统的运行。城市基础设施投资额大，投资效果的好坏直接影响到城镇经济、社会的健康发展。由于基础设施具备公共产品的特征，需要政府出资建设，而我国基础设施建设投资有限，在建设次序上不能同时满足对各类基础设施的全部需求，这使得城市基础设施的6个子系统间在资源分配上存在相互制约的关系，从而影响到城市基础设施的整体投资效果。而同时，这6个子系统间也存在着相互依赖、相互影响的关系，任意一个子系统都是其他子系统运行的前提和基础，反过来，其他子系统的运行也会对该子系统提出一定的标准和要求。因此可以说，城市基础设施的6个子系统之间相互作用、相互影响、相互制约，构成了一个复杂、动态的大系统，即城市基础设施系统。城市基础设施系统作为服务于城市生产和生活的一个相对独立的系统，对城市经济社会的发展有着重要的影响。只有运行状况良好，城市基础设施系统的整体投资效果才会理想，对城市社会、经济发展才会产生积极的促进作用。而城市基础设施系统的运行状况在很大程度上取决于内部各子系统间的协调发展，城市基础设施系统的协调度体现了各子系统间的协调发展关系。因此，以下通过求解城市基础设施系统协调度来分析城市基础设施子系统间的协调性。

6.1.1 城市基础设施系统协调度的内涵

城市基础设施子系统间的协调发展是指在子系统内部要素协调的条件下，城市能源、水资源及给排水、交通、邮电、环境和防灾子系统作为一个有机整体，即城市基础设施系统，为实现它们的共同目标，相互依存、相互适应、相互促进、相互协同、有序运行的状态和过程。与城市基础设施子系统-经济-社会-环境复合系统一样，城市基础设施系统也具有动态性的特点，系统的协调性也是不断变化的。若某一子系统发生变化，必然会对其他子系统提出新的要求，从而引发各子系统的相互适应。因此，城市基础设施系统具有自组织性，自身具有一定的调节能力。由于城市基础设施系统还受很多外界因素或正面或负面的影响，因此，当城市基础设施子系统间协调性不理想时，需要借助外部的协调作用，以保持城市基础设施系统的协调运行状态。城市基础设施系统的协调机制如图 6-1 所示。

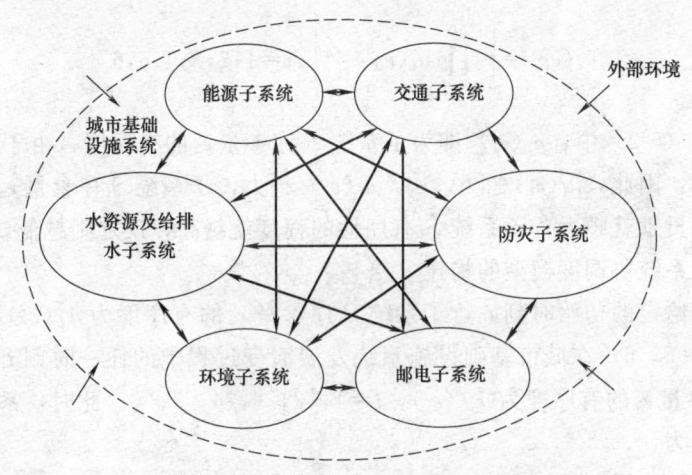

图 6-1　城市基础设施系统的协调机制

　　同样，需要利用协调度来测度城市基础设施系统的协调程度。下面就对基于协同理论的城市基础设施系统协调度模型展开研究。

6.1.2　城市基础设施系统协调度模型

　　（1）子系统有序度模型

　　对于子系统 $S_i(i=1，2，3，4，5，6)$，设其发展过程中的序参量为 $e_i=(e_{i1}，e_{i2}，\cdots，e_{in})$，其中，$n \geqslant 2$，$EI_{ik} \leqslant e_{ik} \leqslant EM_{ik}$，$k=1，2，\cdots，n$。这里，$e_i(k=1，2，\cdots，n)$ 为描述子系统 S_i 运行状态的若干指标，而 EM_{ik} 与 EI_{ik} 分别为 e_{ik} 的上限值与下限值。从评价角度来看，指标可分为效益型和成本型两种，效益型指标值越大，实际效果越好，而成本型指标值越大，效果越差。设 Ω_{i1} 与 Ω_{i2} 分别为子系统 S_i 的效益型指标集和成本型指标集，即对于 e_{ik}，若 $k \in \Omega_{i1}$，则 e_{ik} 值越大，子系统 S_i 有序度越高，e_{ik} 值越小，子系统 S_i 有序度越低；若 $k \in \Omega_{i2}$，则 e_{ik} 值越小，子系统 S_i 有序度越高，e_{ik} 值越大，子系统 S_i 有序度越低。因此，子系统 S_i 序参量分量 e_{ik} 的有序度可表示为：

$$u_i(e_{ik}) = \begin{cases} (e_{ik} - EI_{ik})/(EM_{ik} - EI_{ik}), k \in \Omega_{i1} \\ (EM_{ik} - e_{ik})/(EM_{ik} - EI_{ik}), k \in \Omega_{i2} \end{cases}, i = 1,2,3,4,5,6 \quad (6-1)$$

在式（6-1）中，$u_i(e_{ik}) \in [0,1]$，且 $u_i(e_{ik})$ 越大，序参量分量 e_{ik} 对子系统 S_i 的有序性贡献就越大。此外，e_{ik} 的下限值 EI_{ik} 可以选取过去某年的实际值，上限值 EM_{ik} 与可以根据未来发展趋势或规划目标选取未来某年的预测值或规划值。

子系统 S_i 序参量 e_i 的有序度即为 S_i 对复合系统有序度的总贡献，可以通过 $u_i(e_{ik})$ 的集成求得，集成常用的方法包括几何平均法和线性加权法，本书采用几何平均法，过程如下：

$$u_i(e_i) = \left[\prod_{k=1}^{n} u_i(e_{ik})^{1/n} \right], i = 1,2,3,4,5,6 \quad (6-2)$$

在式（6-2）中，$u_i(e_i)$ 即为子系统 S_i 序参量 e_i 的有序度，由于 $u_i(e_{ik}) \in [0,1]$，因此，$u_i(e_i) \in [0,1]$，$u_i(e_i)$ 越大，子系统 S_i 序参量 e_i 对系统有序性的贡献就越大，子系统 S_i 有序性的程度就越高，反之则越低。

（2）系统协调度模型的构建

设在给定的初始时刻 t_0，子系统 S_i 序参量 e_i 的有序度为 $u_i^0(e_i)$，$i=1$，2，3，4，5，6；在城市基础设施系统发展演变过程中的任一时刻 t_r，子系统 S_i 序参量 e_i 的有序度为 $u_i^r(e_i)$，$i=1$，2，3，4，5，6。此时，系统协调度可表示为：

$$HD(t_r) = \theta \sqrt[6]{\left| [u_1^r(e_1) - u_1^0(e_1)][u_2^r(e_2) - u_2^0(e_2)] \cdots [u_6^r(e_6) - u_6^0(e_6)] \right|}$$

$$(6-3)$$

在式（6-3）中，$\theta = \dfrac{\min[u_i^r(e_i) - u_i^0(e_i) \neq 0]}{|\min[u_i^r(e_i) - u_i^0(e_i) \neq 0]|}$，参数 θ 的作用在于，保证当且仅当对 $\forall i$，$u_i^r(e_i) - u_i^0(e_i) > 0$ 成立时，系统才有正的协调度。$u_1^r(e_1) - u_1^0(e_1)$ 反映了城市能源子系统从 t_0 到 t_r 这一时段序参量有序度的变化幅度，也可理解为有序度的改善程度。同样，$u_2^r(e_2) - u_2^0(e_2)$，$u_3^r(e_3) - u_3^0(e_3)$，$\cdots$，$u_6^r(e_6) \geqslant u_6^0(e_6)$ 分别反映了水资源及给排水、交通、邮电、环境、防灾子系统有序度的变化幅度，即改善程度。由于 $u_i^0(e_i)$ 与 $u_i^r(e_i)$ 均介于 0 与 1 之间，因此必有 $HD(t_r) \in [-1,1]$，$HD(t_r)$ 越大，城市基础设施系统协调发展的程度就越高，反之，则越低。而若 $u_1^r(e_1) \geqslant u_1^0(e_1)$，$u_2^r(e_2) \geqslant u_2^0(e_2)$，$u_3^r(e_3) \geqslant u_3^0(e_3)$，$u_4^r(e_4) \geqslant u_4^0(e_4)$，$u_5^r(e_5) \geqslant u_5^0(e_5)$，$u_6^r(e_6) \geqslant u_6^0(e_6)$，至少有一个不成立，则表明城市基础设施系统中至少有一个子系统向无序方向转化，即城市基础设施系统在 t_0 到 t_r 这一时段处于非协调发展状态。

6.1.3 实证分析

本书以北京市为例，对城市基础设施系统协调度模型进行实证分析。结合前文城市基础设施各子系统的功能评价指标，考虑到数据的可得性，参阅大量学者的研究成果，在城市基础设施各子系统研究领域内，根据研究者对同一指标的关注程度，来选取本书所需的序参量，以测算城市基础设施系统的协调度。

经筛选，确定人均用电量、人均集中供热面积、人均天然气供应量为城市能源子系统的序参量，反映城市电力、供热、供气设施水平；万人拥有自来水供水管线长度、人均供水综合生产能力、排水管道密度为水资源及给排水子系统的序参量，反映城市水资源及供水、排水能力；营运线路密度、每万人拥有公共交通车辆、人均拥有道路面积为交通子系统的序参量，反映城市公共交通及道路设施水平；人均邮电业务量、人均市话交换机容量、人均电话机拥有量为邮电子系统的序参量，反映城市邮政、电信发展状况；人均占有公共绿地面积、城市绿化覆盖率、污水处理率、万人拥有环卫机械数量为环境子系统的序参量，反映城市园林绿化、环境治理、空气质量状况；防灾子系统的处理方式与第4章相同，这里并不单独列为一个子系统。

北京市城市基础设施系统各子系统序参量1994～2006年原始数据见表6-1、表6-2、表6-3。

子系统序参量原始数据（1）　　　　　　　　　表 6-1

年份	能源子系统			水资源及给排水子系统		
	人均用电量 （千瓦时/人）	人均集中 供热面积 （m²/人）	人均天然气 供应量 （m³/人）	万人拥有自来 水供水管线长 度（km/万人）	人均供水综 合生产能力 （m³/天·人）	排水管道密度 （km/km²）
1994	1827	6.27	7.47	5.98	0.37	7.40
1995	1779	6.02	9.67	5.52	0.38	7.02
1996	1941	6.23	11.91	5.49	0.39	8.78
1997	2126	6.77	14.84	5.11	0.41	8.00
1998	2217	7.30	30.50	5.61	0.38	9.51
1999	2365	7.95	60.30	5.71	0.40	9.70
2000	2433	7.96	80.43	5.58	0.43	9.89
2001	2505	10.65	121.04	5.89	0.81	6.90
2002	2700	12.77	143.92	6.01	0.90	5.91
2003	2849	17.24	163.80	6.37	0.87	5.63
2004	3025	18.85	180.98	6.69	1.01	5.74
2005	3687	20.63	206.37	6.39	0.69	5.40
2006	3915	22.12	242.76	7.53	1.67	6.00
类型	+	+	+	+	+	+
下限值	1731	5.15	6.65	5.00	0.16	5.27
上限制	4134	22.78	265.65	8.04	1.71	9.99

子系统序参量原始数据（2） 表 6-2

年份	交通子系统			邮电子系统		
	营运线路密度（km/km²）	万人拥有公共交通车辆（标台）	人均拥有道路面积（m²）	人均邮电业务量（元）	人均市话交换机容量（门）	人均电话机拥有量（部）
1994	8.82	4.73	4.80	372	0.27	0.17
1995	9.52	4.29	5.50	449	0.30	0.19
1996	15.35	5.42	5.59	579	0.35	0.23
1997	28.71	8.45	5.84	750	0.44	0.29
1998	30.57	8.68	5.86	1036	0.55	0.42
1999	33.93	9.95	5.88	1320	0.60	0.52
2000	31.91	10.40	6.61	1574	0.59	0.67
2001	17.63	11.15	8.30	1578	0.65	0.91
2002	15.17	12.35	8.10	1785	0.70	1.14
2003	15.27	13.30	9.60	2088	0.71	1.33
2004	16.16	14.54	9.45	2303	0.74	1.57
2005	15.27	12.66	10.55	2685	0.90	1.69
2006	14.82	12.96	10.76	3192	0.95	1.71
类型	+	+	+	+	+	+
下限值	7.78	4.02	4.70	280	0.20	0.06
上限制	33.98	14.65	10.78	4119	0.97	1.73

子系统序参量原始数据（3） 表 6-3

年份	环境子系统			
	人均占有公共绿地面积（m²）	城市绿化覆盖率（%）	污水处理率（%）	万人拥有环卫机械数量（辆）
1994	6.6	31.4	9.6	1.73
1995	7.5	32.7	19.4	1.71
1996	7.5	33.2	21.2	1.96
1997	7.8	34.2	22.0	2.08
1998	9.0	35.6	22.5	2.19
1999	9.1	36.3	25.0	2.28
2000	9.7	36.5	39.4	2.20
2001	10.1	38.8	42.0	3.06
2002	10.7	40.6	45.0	3.04
2003	11.4	40.9	50.1	3.27
2004	11.5	41.9	53.9	3.98
2005	12.0	42.0	62.4	3.80
2006	12.0	42.5	73.8	3.92
类型	+	+	+	+
下限值	6.3	31.3	3.1	1.68
上限制	12.7	43.0	96.2	4.02

数据来源：中国统计年鉴（1994—2006）、北京统计年鉴（1992—2008）、北京市统计局国民经济和社会发展统计公报（1999—2007）、北京市环境状况公报（1994—2005）。

需要说明的是，表 6-1、表 6-2、表 6-3 中人均值的计算，除万人拥有公共交通车辆、人均拥有道路面积、人均占有公共绿地面积为统计年鉴直接提供的数据外，均由相关总量指标除以年末总人口而得。表 6-1 中的排水管道密度和表 6-2 中的营运线路密度，分别由排水管道长度和营运线路长度除以建成区面积求得。其中，营运线路长度包括了轨道交通在内。此外，表 6-1、表 6-2 及表 6-3 的"类型"一行中，"＋"表示效益型指标，"－"表示成本型指标。各序参量的上限值和下限值分别根据未来规划目标和过去的实际值确定。将表 6-1、表 6-2 和表 6-3 中的序参量原始数据代入式（6-1），得到各子系统序参量的系统有序度，计算结果如表 6-4～表 6-6 所示。

子系统序参量有序度（1）　　　　　　　　　　表 6-4

年份	能源子系统			水资源及给排水子系统		
	人均用电量	人均集中供热面积	人均天然气供应量	万人拥有自来水供水管线长度	人均供水综合生产能力	排水管道密度
1994	0.0400	0.0635	0.0032	0.3224	0.1355	0.4513
1995	0.0200	0.0493	0.0117	0.1711	0.1419	0.3708
1996	0.0874	0.0613	0.0203	0.1612	0.1484	0.7436
1997	0.1644	0.0919	0.0316	0.0362	0.1613	0.7691
1998	0.2022	0.1220	0.0921	0.2007	0.1419	0.8983
1999	0.2638	0.1588	0.2071	0.2336	0.1548	0.9386
2000	0.2921	0.1594	0.2849	0.1908	0.1742	0.9788
2001	0.3221	0.3120	0.4417	0.2928	0.4194	0.3453
2002	0.4032	0.4322	0.5300	0.3322	0.4774	0.1356
2003	0.4653	0.6858	0.6068	0.4507	0.4581	0.0763
2004	0.5385	0.7771	0.6731	0.5559	0.5484	0.0996
2005	0.8140	0.8780	0.7711	0.4572	0.3419	0.0275
2006	0.9089	0.9626	0.9116	0.8322	0.9742	0.1547

子系统序参量有序度（2）　　　　　　　　　　表 6-5

年份	交通子系统			邮电子系统		
	营运线路密度	万人拥有公共交通车辆	人均拥有道路面积	人均邮电业务量	人均市话交换机容量	人均电话机拥有量
1994	0.0397	0.0668	0.0164	0.0240	0.0909	0.0659
1995	0.0664	0.0254	0.1316	0.0440	0.1299	0.0778
1996	0.2889	0.1317	0.1464	0.0779	0.1948	0.1018
1997	0.7989	0.4167	0.1875	0.1224	0.3117	0.1377
1998	0.8698	0.4384	0.1908	0.1969	0.4545	0.2156

年份	交通子系统			邮电子系统		
	营运线路密度	万人拥有公共交通车辆	人均拥有道路面积	人均邮电业务量	人均市话交换机容量	人均电话机拥有量
1999	0.9981	0.5579	0.1941	0.2709	0.5195	0.2754
2000	0.9210	0.6002	0.3141	0.3371	0.5065	0.3653
2001	0.3760	0.6707	0.5921	0.3381	0.5844	0.5090
2002	0.2821	0.7836	0.5592	0.3920	0.6494	0.6467
2003	0.2859	0.8730	0.8059	0.4710	0.6623	0.7605
2004	0.3198	0.9897	0.7813	0.5270	0.7013	0.9042
2005	0.2859	0.8128	0.9622	0.6265	0.9091	0.9760
2006	0.2687	0.8410	0.9967	0.7585	0.9740	0.9880

子系统序参量有序度（3）　　　　　　　　　　　　　表 6-6

年份	环境子系统			
	人均占有公共绿地面积	城市绿化覆盖率	污水处理率	万人拥有环卫机械数量
1994	0.0469	0.0085	0.0698	0.0214
1995	0.1875	0.1197	0.1751	0.0128
1996	0.1875	0.1624	0.1944	0.1197
1997	0.2344	0.2479	0.2030	0.1709
1998	0.4219	0.3675	0.2084	0.2179
1999	0.4375	0.4274	0.2352	0.2564
2000	0.5313	0.4444	0.3899	0.2222
2001	0.5938	0.6410	0.4178	0.5897
2002	0.6875	0.7949	0.4501	0.5812
2003	0.7969	0.8205	0.5048	0.6795
2004	0.8125	0.9060	0.5456	0.9829
2005	0.8906	0.9145	0.6369	0.9060
2006	0.8906	0.9573	0.7594	0.9573

　　由表 6-4 可以看出，在能源子系统中，在能源子系统中，人均用电量、人均集中供热面积、人均天然气供应量的系统有序度逐渐增加，共同决定了该子系统向有序方向演化。在水资源及给排水子系统中，万人拥有自来水供水管线长度和排水管道密度基本呈现无序的状态，尤其是排水管道密度，在2000 年的有序度达到最大值后，急剧下降，反映了北京市防汛减涝能力差的问题；人均供水综合生产能力的有序度整体上呈增长趋势，但在 2003 年和 2005 年有较大的波动，尤其是在 2005 年，达到了 0.3419 的低值，而在

2006 年有了较大的飞跃。在 4 个序参量中，万人拥有自来水供水管线长度和人均供水综合生产能力对水资源及给排水子系统有序度的贡献最大，而排水管道密度的无序状态势必会对子系统的有序度产生负面影响。

由表 6-5 可以看出，在交通子系统中，营运线路密度呈现出无序的发展状态，势必会影响交通子系统的系统有序度；万人拥有公共交通车辆和人均拥有道路面积整体上呈有序发展的态势，但在近几年来均有一定的波动，其中，后者对交通子系统有序度的贡献最大。在邮电子系统中，3 个序参量的系统有序度都在逐年增加，由此决定了该子系统向有序方向发展，也反映了北京市邮电子系统的良好发展态势。

由表 6-6 可知，环境子系统中，4 个序参量的系统有序度在逐年增加，反映了这些年间北京市城市绿化建设和污水治理的力度。其中，城市绿化覆盖率对子系统有序度的贡献最大，而污水处理率的贡献最小。

将表 6-4、表 6-5、表 6-6 中的数据代入式（6-2），分别得到各子系统的有序度，再将各子系统的有序度代入式（6-3），求出城市基础设施系统的协调度，如表 6-7 所示。

各子系统的有序度及基础设施系统的协调度　　　　表 6-7

年份	能源子系统有序度	水资源及给排水子系统有序度	交通子系统有序度	邮电子系统有序度	环境子系统有序度	系统协调度
1994	0.0201	0.2701	0.0352	0.0524	0.0278	—
1995	0.0226	0.2080	0.0605	0.0763	0.0842	−0.0221
1996	0.0477	0.2610	0.1773	0.1156	0.1632	−0.0498
1997	0.0782	0.1650	0.3967	0.1738	0.2119	−0.1376
1998	0.1315	0.2947	0.4175	0.2682	0.2897	0.1427
1999	0.2055	0.3238	0.4763	0.3384	0.3259	0.2064
2000	0.2367	0.3192	0.5579	0.3906	0.3782	0.2319
2001	0.3541	0.3487	0.5305	0.4650	0.5534	0.3091
2002	0.4520	0.2781	0.4981	0.5481	0.6149	0.2156
2003	0.5785	0.2507	0.5859	0.6190	0.6882	−0.2950
2004	0.6555	0.3120	0.6277	0.6939	0.7927	0.3782
2005	0.8199	0.1626	0.6070	0.8222	0.8280	−0.4969
2006	0.9274	0.5006	0.6084	0.9004	0.8873	0.6141

由表 6-7 可知，北京市基础设施系统中，能源、邮电、环境子系统在1994—2006 年间一直都在向有序方向发展。交通子系统有一些小的波动，但总体上有序度呈现增加的趋势，基本上是在向有序方向演化。而水资源及给排水子系统在一段时间内却呈现无序的发展状态，说明该子系统序量之

间的协同作用比较差。这也反映了北京市取得良好发展态势的同时，由于城市扩张、人口骤增，在交通治理、水资源及给水排水等方面还存在一些突出问题亟待解决。为分析方便，用图 6-2 来表示北京市基础设施系统的协调度。

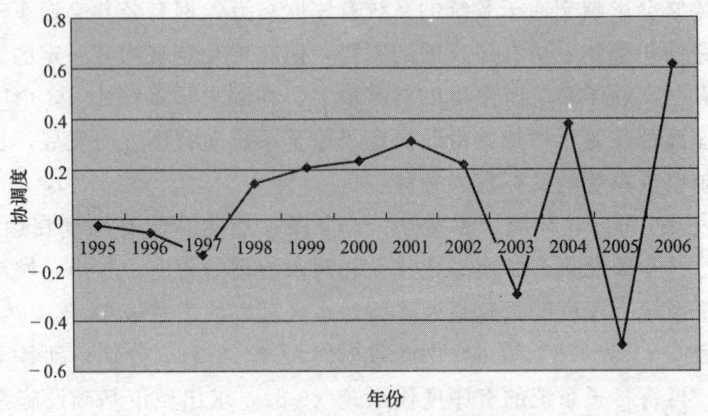

图 6-2　北京市基础设施系统协调度

从图 6-2 中可以看出，北京市基础设施系统的协调度在 1995—2006 年间，既有正值，也有负值，有着较大的波动，除了最初几年呈现的负值外，2003 和 2005 年出现的较大波动，导致了系统呈现无序发展的状态，反映了基础设施各子系统间的不协调状态。尽管北京市基础设施系统经历了较大的波动后，在 2006 年达到了 0.6141，然而，协调度仍然偏低，有着较大的改善空间，这需要从目前有序度不理想的子系统着手。

首先是水资源及给排水子系统，呈无序发展状态，系统有序度偏低，这主要是由排水管道密度的无序发展状态决定的，而且万人拥有自来水供水管线长度和人均供水综合生产能力的有序度也基本偏低，对该子系统的有序度也产生了重要的影响。实际上，从总量指标值来看，北京市的排水管道长度、自来水供水管线长度和供水综合生产能力基本上是逐年增加的，然而随着城市的扩张、外来人口的涌入，总量的增加所带来的效益却被抵消掉，甚至导致这 3 个序参量的数值降低。其次是交通子系统，其系统有序度偏低，最主要原因是营运线路密度的无序状态。尽管近些年来北京市的公共交通，尤其是轨道交通发展很快，取得了可喜的成绩，市民出行较为方便，但随着北京城市的扩张，建成区面积逐渐加大，从整体来看，仍需对公共交通的覆盖面进行改善。北京作为首都，对人才具有极大的吸引力，随着经济的发展，总人口势必逐渐增加，从某种程度上说，这是不可避免的趋势，由此也会导致城市规模不断扩大。然而，北京城市的发展采取了从市中心向外不断扩展的方式，导致了北京市建成区"滚雪球"式的发展，除了给市民生活造成不便外，也给交通、市政带来了很大的负担。因此，要解决北京的给排水、交通问题，除了加大市政建设力度外，应学习国外大都市的经验，转变北京的城市扩张模式，发展北京周边的卫星城镇，分散工业和人口，这样势必会减轻市政压力。

6.2 城市基础设施各子系统与社会经济系统间的协调性分析

城市基础设施各子系统通过为城市生产和生活服务，促进城市经济、社会的发展，反过来城市经济、社会的发展状况也决定着城市基础设施各子系统的投资规模、生产能力等，同时也对环境提出一定的标准和要求。而由于城市基础设施各子系统的运行对城市环境存在一定的威胁，因此城市基础设施各子系统的投资规模与生产能力也受到一定的限制。在这种错综复杂的关系下，城市基础设施各子系统与经济、社会、环境之间相互作用、相互影响、相互制约，构成了一个复杂、动态的大系统，即城市基础设施子系统-经济-社会-环境复合系统（以下简称为复合系统）。这个看似矛盾的复合系统，若要良性运行，各组成子系统间必须协调发展。

6.2.1 城市基础设施子系统-经济-社会-环境复合系统协调发展的涵义

系统的综合能力是系统整体效应的体现，是系统内部诸要素相互作用的结果。城市基础设施子系统-经济-社会-环境复合系统的协调发展是指在基础设施子系统、经济、社会、环境子系统内部要素协调的条件下，城市基础设施子系统、经济、社会、环境子系统作为一个有机整体，为实现它们的共同目标，相互依存、相互适应、相互促进、相互协同、有序运行的状态和过程。由此可知，该复合系统具有动态性的特点，系统的协调性是不断变化的。某一子系统发生变化，必然会对其他子系统提出新的要求，从而引发各子系统的相互适应，从这点来看，该复合系统具有自组织性，自身具有一定的调节能力。然而不可忽视的是，城市基础设施子系统-经济-社会-环境复合系统还受很多外界因素的影响，既有正面的，也有负面的。因此，当复合系统协调性不理想时，需要借助外部的协调作用，以保持复合系统的协调运行状态[5]。但如何来测度复合系统的协调程度？协调度是一个很好的工具。顾名思义，协调度就是指在系统发展演变过程中，系统组成要素之间和谐一致的程度，这里的系统组成要素是指在系统发展演变过程中起决定作用的序参量。下面就对基于协同理论的城市基础设施子系统-经济-社会-环境复合系统协调度模型展开研究。

6.2.2 城市基础设施子系统-经济-社会-环境复合系统协调度模型

（1）子系统有序度模型

用 $S_i(i=1, 2, 3, 4)$ 来表示城市基础设施子系统-经济-社会-环境复合系统中的各子系统，S_1 表示城市基础设施六个子系统中的任意一个子系统，

S_2 表示经济子系统，S_3 表示社会子系统，S_4 表示环境子系统。对于该复合系统中的子系统 $S_i(i=1,2,3,4)$，设其发展过程中的序参量为 $e_i=(e_{i1},e_{i2},\cdots,e_{in})$，其中，$n\geqslant2$，$EI_{ik}\leqslant e_{ik}\leqslant EM_{ik}$，$k=1,2,\cdots,n$。这里，$e_i$ $(k=1,2,\cdots,n)$ 为描述子系统 S_i 运行状态的若干指标，而 EM_{ik} 与 EI_{ik} 分别为 e_{ik} 的上限值与下限值。从评价角度来看，指标可分为效益型和成本型两种，效益型指标值越大，实际效果越好，而成本型指标值越大，效果越差。设 Ω_{i1} 与 Ω_{i2} 分别为子系统 S_i 的效益型指标集和成本型指标集，即对于 e_{ik}，若 $k\in\Omega_{i1}$，则 e_{ik} 值越大，子系统 S_i 有序度越高，e_{ik} 值越小，子系统 S_i 有序度越低；若 $k\in\Omega_{i2}$，则 e_{ik} 值越小，子系统 S_i 有序度越高，e_{ik} 值越大，子系统 S_i 有序度越低。因此，子系统 S_i 序参量分量 e_{ik} 的有序度可表示为：

$$u_i(e_{ik})=\begin{cases}(e_{ik}-EI_{ik})/(EM_{ik}-EI_{ik}),k\in\Omega_{i1}\\(EM_{ik}-e_{ik})/(EM_{ik}-EI_{ik}),k\in\Omega_{i2}\end{cases},i=1,2,3,4 \qquad (6\text{-}4)$$

在式（6-4）中，$u_i(e_{ik})\in[0,1]$，且 $u_i(e_{ik})$ 越大，序参量分量 e_{ik} 对子系统 S_i 的有序性贡献就越大。此外，e_{ik} 的下限值 EI_{ik} 可以选取过去某年的实际值，上限值 EM_{ik} 与可以根据未来发展趋势或规划目标选取未来某年的预测值或规划值[6]。

子系统 S_i 序参量 e_i 的有序度即为 S_i 对复合系统有序度的总贡献，可以通过 $u_i(e_{ik})$ 的集成求得，集成常用的方法包括几何平均法和线性加权法，本书采用几何平均法，过程如下：

$$u_i(e_i)=\left[\prod_{k=1}^{n}u_i(e_{ik})\right]^{1/n},i=1,2,3,4 \qquad (6\text{-}5)$$

在式（6-5）中，$u_i(e_i)$ 即为子系统 S_i 序参量 e_i 的有序度，由于 $u_i(e_{ik})\in[0,1]$，因此，$u_i(e_i)\in[0,1]$，$u_i(e_i)$ 越大，子系统 S_i 序参量 e_i 对系统有序性的贡献就越大，子系统 S_i 有序性的程度就越高，反之则越低。

（2）复合系统协调度模型的构建

设在给定的初始时刻 t_0，子系统 S_i 序参量 e_i 的有序度为 $u_i^0(e_i)$，$i=1,2,3,4$；在 EESECS 发展演变过程中的任一时刻 t_r，子系统 S_i 序参量 e_i 的有序度为 $u_i^r(e_i)$，$i=1,2,3,4$。此时，复合系统协调度可表示为：

$$HD(t_r)=\theta\sqrt[4]{|[u_1^r(e_1)-u_1^0(e_1)][u_2^r(e_2)-u_2^0(e_2)][u_3^r(e_3)-u_3^0(e_3)][u_4^r(e_4)-u_4^0(e_4)]|}$$

$$(6\text{-}6)$$

在式（6-6）中，$\theta=\dfrac{\min[u_i^r(e_i)-u_i^0(e_i)\neq0]}{|\min[u_i^r(e_i)-u_i^0(e_i)\neq0]|}$，参数 θ 的作用在于，保证当且仅当对 $\forall i$，$u_i^r(e_i)-u_i^0(e_i)>0$ 成立时，复合系统才有正的协调度。$u_1^r(e_1)-u_1^0(e_1)$ 反映了城市能源基础设施子系统从 t_0 到 t_r 这一时段序参量系统有序度的变化幅度，也可理解为有序度的改善程度。同样，$u_2^r(e_2)-u_2^0$

(e_2), $u_3^r(e_3) - u_3^0(e_3)$ 及 $u_4^r(e_4) \geqslant u_4^0(e_4)$ 分别反映了城市经济、社会、环境子系统有序度的变化幅度，即改善程度。由于 $u_i^0(e_i)$ 与 $u_i^r(e_i)$ 均介于 0 与 1 之间，因此必有 $HD(t_r) \in [-1, 1]$，$HD(t_r)$ 越大，EESECS 协调发展的程度就越高，反之，则越低。而若 $u_1^r(e_1) \geqslant u_1^0(e_1)$，$u_2^r(e_2) \geqslant u_2^0(e_2)$，$u_3^r(e_3) \geqslant u_3^0(e_3)$，$u_4^r(e_4) \geqslant u_4^0(e_4)$ 至少有一个不成立，则表明 EESECS 中至少有一个子系统向无序方向转化，即 EESECS 在 t_0 到 t_r 这一时段处于非协调发展状态。

（3）序参量的选取

根据协同理论，系统在临界点附近的内部变量分为慢弛豫变量和快弛豫变量两种。其中慢弛豫变量是决定系统演化进程的根本性变量，这类变量数目较少，衰减变化较慢。而快弛豫变量数目相对较多，衰减变化较快。快弛豫变量服从于慢弛豫变量，对系统的结构、功能变化不起主导作用，因此，可以不加考虑。系统从无序走向有序的机制关键在于系统内部慢弛豫变量之间的协调作用，它左右着系统演化的特征与规律。序参量指的就是慢弛豫变量。

在城市基础设施子系统-经济-社会-环境复合系统的协调度模型中，序参量的选取是至关重要的。所选取的序参量要有明确的实际意义，在系统发展演变过程中起主导作用，能够反映各子系统间的关系，而从有利于综合评价复合系统发展的协调度。在该原则指导下，本书参阅了大量学者的研究成果，在城市基础设施子系统-经济-社会-环境复合系统四个子系统研究领域内，根据研究者对同一指标的关注程度，来选取本书所需的序参量，以测算复合系统的协调度。

经筛选，确定人均 GDP、规模以上工业总产值、城镇居民家庭恩格尔系数、城市居民人均可支配收入为经济子系统的序参量。确定人口自然增长率、城市居民人均住房使用面积为社会子系统的序参量。确定万元 GDP 能耗、工业废水排放量、总悬浮颗粒物浓度为环境子系统的序参量。对于城市基础设施各子系统而言，应依据各自城市的功能特点，结合第 4 章中功能评价指标确定各子系统的序参量。

6.2.3 实证分析

本书以北京市为例，对城市基础设施子系统-经济-社会-环境复合系统协调度模型进行实证分析。在城市基础设施的六个子系统中，仅以城市能源子系统为例进行实证。根据北京市的实际情况，结合第 5 章中能源子系统功能评价指标，考虑到数据的可得性，确定人均用电量、人均天然气供应量、人均集中供热面积为城市能源基础设施子系统的序参量。第 4 章中采用的是人均供电量，而在本章中，考虑到统计数据的可得性，采用人均用电量代替人均供电量。这里需要说明供电量与用电量的差别，总体上来讲，发电量扣除厂用电量称为供电量，供电量再扣除输电和部分配电损失后称为用电量，因此，用人均用电量代替人均供电量，也能较为可观地反映城市能源子系统的供电能力。北京市能源子系统-经济-社会-环境复合系统中，各子系统序参量1994～2006年的原始数据见表6-8、表6-9。

子系统序参量原始数据（1） 表6-8

年份	能源子系统序参量			经济子系统序参量			
	人均用电量（千瓦时/人）	人均集中供热面积（m²/人）	人均天然气供应量（m³/人）	人均GDP（万元）	规模以上工业总产值（亿元）	恩格尔系数（%）	人均可支配收入（万元）
1994	1827	6.27	7.47	1.024	1576.6	46.2	0.473
1995	1779	6.02	9.67	1.269	1493.3	48.5	0.587
1996	1941	6.23	11.91	1.425	1590.6	46.6	0.689
1997	2126	6.77	14.84	1.661	1819.7	43.7	0.781
1998	2217	7.30	30.50	1.912	1947.0	41.1	0.847
1999	2365	7.95	60.30	2.140	2183.5	39.5	0.918
2000	2433	7.96	80.43	2.412	2842.0	36.3	1.035
2001	2505	10.65	121.04	2.700	3270.1	36.2	1.158
2002	2700	12.77	143.92	3.084	3620.2	33.8	1.246
2003	2849	17.24	163.80	3.489	4410.8	31.7	1.388
2004	3025	18.85	180.98	4.110	5733.3	32.2	1.564
2005	3687	20.63	206.37	4.544	6946.2	31.8	1.765
2006	3915	22.12	242.76	5.041	8210.0	30.8	1.998
类型	+	+	+	+	+	−	+
下限值	1731	5.15	6.65	0.801	1166.6	30.0	0.330
上限值	4134	22.78	265.65	5.820	9648.4	49.8	2.199

子系统序参量原始数据（2） 表6-9

年份	社会子系统序参量		环境子系统序参量		
	人口自然增长率（%）	城市居民人均住房使用面积（m²）	GDP能耗（吨标煤/万元）	工业废水排放量（亿吨）	总悬浮颗粒物浓度（微克/m³）
1994	3.20	12.9	2.70	3.70	337
1995	2.80	13.3	2.34	3.80	337
1996	2.68	13.8	2.09	3.76	323
1997	1.89	14.4	1.79	3.78	371
1998	0.70	15.0	1.60	3.42	378
1999	0.90	15.9	1.46	2.80	364
2000	0.90	16.8	1.31	2.32	353

年份	社会子系统序参量		环境子系统序参量		
	人口自然增长率（%）	城市居民人均住房使用面积(m²)	GDP 能耗（吨标煤/万元）	工业废水排放量（亿吨）	总悬浮颗粒物浓度（微克/m³）
2001	0.80	17.6	1.14	2.12	370
2002	0.87	18.2	1.02	1.80	373
2003	−0.09	18.7	0.93	1.31	252
2004	0.74	19.1	0.85	1.26	266*
2005	1.09	19.5	0.80	1.28	254*
2006	1.29	20.0	0.75	1.02	288*
类型	—	＋	—	—	—
下限值	−1.55	12.5	0.67	0.91	200
上限值	3.40	20.3	3.42	3.91	390

数据来源：中国统计年鉴（1994～2006）、北京统计年鉴（1992～2008）、北京市统计局国民经济和社会发展统计公报（1999～2007）、北京市环境状况公报（1994～2005）。

需要说明的是，表6-8及表6-9的"类型"一行中，"＋"表示效益型指标，"-"表示成本型指标。在环境子系统中，反映空气质量的总悬浮颗粒物浓度指标只有2003年前的统计数据，取而代之的，是近些年来北京市开始采用可吸入悬浮颗粒物浓度指标测定空气质量。从概念上来看，悬浮在空气中的粒径小于100微米的颗粒物通称为总悬浮颗粒物，其中粒径小于10微米的称为可吸入颗粒物。为解决2004～2006年总悬浮颗粒物浓度数据缺失的问题，根据可吸入颗粒物浓度数据的变化幅度，依次估算2004至2006年总悬浮颗粒物浓度的数据。各序参量的上限值和下限值分别根据未来规划目标和过去的实际值确定。将表6-8和表6-9中的序参量原始数据代入式(6-4)，得到各子系统序参量的系统有序度，计算结果见表6-10、表6-11。

子系统序参量有序度（1）　　　　　　　　表6-10

年份	能源子系统序参量			经济子系统序参量			
	人均用电量	人均集中供热面积	人均天然气供应量	人均 GDP	规模以上工业总产值	恩格尔系数	人均可支配收入
1994	0.0400	0.0635	0.0032	0.0444	0.0483	0.1818	0.0765
1995	0.0200	0.0493	0.0117	0.0932	0.0385	0.0657	0.1375
1996	0.0874	0.0613	0.0203	0.1243	0.0500	0.1616	0.1921
1997	0.1644	0.0919	0.0316	0.1713	0.0770	0.3081	0.2413
1998	0.2022	0.1220	0.0921	0.2214	0.0920	0.4394	0.2766
1999	0.2638	0.1588	0.2071	0.2668	0.1199	0.5202	0.3146
2000	0.2921	0.1594	0.2849	0.3210	0.1975	0.6818	0.3772

年份	能源子系统序参量			经济子系统序参量			
	人均用电量	人均集中供热面积	人均天然气供应量	人均GDP	规模以上工业总产值	恩格尔系数	人均可支配收入
2001	0.3221	0.3120	0.4417	0.3784	0.2480	0.6869	0.4430
2002	0.4032	0.4322	0.5300	0.4549	0.2893	0.8081	0.4901
2003	0.4653	0.6858	0.6068	0.5356	0.3825	0.9141	0.5661
2004	0.5385	0.7771	0.6731	0.6593	0.5384	0.8889	0.6602
2005	0.8140	0.8780	0.7711	0.7458	0.6814	0.9091	0.7678
2006	0.9089	0.9626	0.9116	0.8448	0.8304	0.9596	0.8925

子系统序参量有序度（2）   表6-11

年份	社会子系统序参量		环境子系统序参量		
	人口自然增长率	城市居民人均住房使用面积	GDP能耗	工业废水排放量	总悬浮颗粒物浓度
1994	0.0404	0.0513	0.2618	0.0700	0.2789
1995	0.1212	0.1026	0.3927	0.0367	0.2789
1996	0.1455	0.1667	0.4836	0.0500	0.3526
1997	0.3051	0.2436	0.5927	0.0433	0.1000
1998	0.5455	0.3205	0.6618	0.1633	0.0632
1999	0.5051	0.4359	0.7127	0.3700	0.1368
2000	0.5051	0.5513	0.7673	0.5300	0.1947
2001	0.5253	0.6538	0.8291	0.5967	0.1053
2002	0.5111	0.7308	0.8727	0.7033	0.0895
2003	0.7051	0.7949	0.9055	0.8667	0.7263
2004	0.5374	0.8462	0.9345	0.8833	0.6526
2005	0.4667	0.8974	0.9527	0.8767	0.7158
2006	0.4263	0.9615	0.9709	0.9633	0.5368

由表6-10、表6-11可以看出，在能源子系统中，人均用电量、人均集中供热面积、人均天然气供应量的系统有序度逐渐增加，共同决定了该子系统向有序方向演化。经济子系统中，人均GDP、规模以上工业总产值、人均可支配收入3个序参量基本都在朝着有序方向发展，并且这3个序参量对该子系统有序度的贡献较为均衡，差异不大；而横向来看，恩格尔系数对子系统有序度的贡献最大，但其在2004年有小小的波动。在社会子系统中，城市居民人均住房使用面积的系统有序度逐年增加，反映了随着城市扩张、房地产业的持续发展，城市居民的住房条件得到了逐步的改善；人口自然增长率的系统有序度有较大波动，对该子系统有序度的贡献很小。在环境子系

统中，GDP 能耗对该子系统有序度的贡献最大，且一直朝着有序方向发展，这也反映了实践中能源利用效率逐步提高的现实；工业废水排放量的系统有序度虽有一些波动，但基本在朝着有序方向发展，尤其在 1998 年后，对环境子系统有序度的贡献越来越大；总悬浮物颗粒浓度在 1997～2002 年间，处于无序的发展状态，因而对环境子系统有序度的贡献最小，而在 2003 年后，该序参量的系统有序度有了较大的提高，这也反映了北京市大气污染治理的成效。

将表 3、表 4 中的数据代入式（6-5），分别得到各子系统的有序度，再将各子系统的有序度代入式（6-6），求出复合系统的协调度，见表 6-12。

各子系统有序度及复合系统协调度　　　　　　　　表 6-12

年份	能源子系统有序度	经济子系统有序度	社会子系统有序度	环境子系统有序度	复合系统协调度
1994	0.0201	0.0739	0.0455	0.1723	—
1995	0.0226	0.0755	0.1115	0.1590	−0.0077
1996	0.0477	0.1179	0.1557	0.2043	0.0455
1997	0.0782	0.1770	0.2726	0.1369	−0.0833
1998	0.1315	0.2231	0.4181	0.1897	0.1019
1999	0.2055	0.2690	0.4692	0.3304	0.2219
2000	0.2367	0.3573	0.5277	0.4294	0.2954
2001	0.3541	0.4111	0.5860	0.3735	0.3327
2002	0.4520	0.4778	0.6112	0.3801	0.3784
2003	0.5785	0.5706	0.7487	0.8291	0.5983
2004	0.6555	0.6756	0.6743	0.8137	0.6266
2005	0.8199	0.7717	0.6472	0.8424	0.6887
2006	0.9274	0.8804	0.6402	0.7948	0.7214

由表 6-12 可知，北京市能源子系统、经济子系统在 1994～2006 年间都在向有序方向发展；社会子系统在最初的几年里保持着有序发展，在 2003 年子系统有序度达到了峰值，以后的几年里逐渐下降；环境子系统在一段时间内却处于无序的发展状态，说明该系统序参量之间的协同作用比较差。这也反映了北京市取得良好发展态势的同时，环境状况一度成为发展所付出的较大成本。而 1999 年后，环境子系统有序度总体上增大，这说明环境问题得到了一定的重视，并有所改善。为分析方便，用图 6-3 来表示北京市能源子系统-经济-社会-环境复合系统的协调度。

从图 6-3 中可以看出，北京能源子系统-经济-社会-环境复合系统协调度在 1995～2006 年间，既有正值，也有负值，但负值仅出现在最初的几年里，

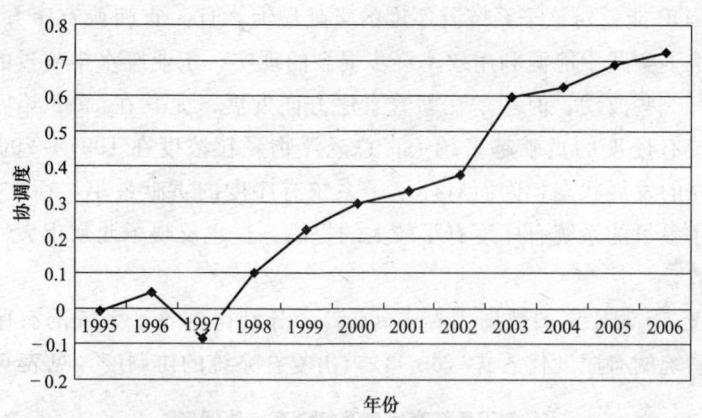

图 6-3　北京市能源子系统-经济-社会-环境复合系统协调度

　总体来说能源子系统-经济-社会-环境复合系统协调度在向着有序的方向发展。尽管能源子系统-经济-社会-环境复合系统经历了初期的波动，正逐步趋于协调，然而现阶段的协调度偏低，仍有较大的改善空间，这就需要从目前有序度不理想的几个子系统着手。首先是社会子系统，它的系统有序度偏低，这主要是由年末总人口增长率的无序状态决定的。北京作为首都，对人才的吸引力是极大的，因而，随着经济的发展，总人口必然逐渐增加，从某种程度上来说，这是不可避免的一种发展趋势。然而，由于人口的增加，给城市带来的负担也在逐渐增加。因此，为促进能源子系统-经济-社会-环境复合系统的协调发展，必须改进其他子系统的有序度，从而提高该复合系统的协调度。此外，环境子系统有序度也偏低，近几年虽有了较大幅度的提高，但相对于其他几个子系统，仍是影响复合系统协调度的主要因素，其中，代表空气质量的总悬浮颗粒物浓度则是制约环境子系统有序发展的关键因素。从历年统计数据来看，每年的环保投资都在增加，而空气质量状况却仍不容乐观，因此，未来应加大对电力、热力及燃气系统排放废气及其他一些工业废气治理的力度，除此之外，沙尘暴也应是未来北京市重点控制的对象。

　　综上，本章应用协同理论，构建了城市基础设施系统协调度模型和城市基础设施子系统-经济-社会-环境复合系统协调度模型，用以评价城市基础设施子系统间协调发展的程度以及各子系统与城市经济社会间的协调发展程度。以北京为实例，分别计算了北京市 1994～2006 年间城市基础设施系统的协调度以及城市能源子系统-经济-社会-环境复合系统的协调度。在验证了本章建立的协调度模型的同时，本研究也提出了改善北京市城市基础设施系统以及城市能源子系统-经济-社会-环境复合系统协调度的方向。本章研究成果在丰富相关研究领域理论的同时，也可为政府相关管理部门提供决策依据和参考。

结　　论

　　城市基础设施对城市经济社会发展的重要性是不言而喻的。城市要发展，城市基础设施是关键，是支撑城市发展的骨架。城市基础设施建设需要巨额投资，然而，当前我国许多城市基础设施建设资金有限，投入严重不足，即使有资金投入，资金的利用效率也不乐观，导致城市基础设施一系列问题出现，已成为城市发展的"瓶颈"制约。归根结底，是城市基础设施的投资效果问题。在影响城市基础设施投资效果的诸多因素中，政府相关管理部门发挥着关键性的作用。本书就是在这种背景下展开的研究，在对基本概念和相关理论、方法进行界定和阐述的基础上，通过系统性分析，形成城市基础设施投资效果系统评价的总体分析框架，在该分析框架下，对城市基础设施子系统投资效果评价及城市基础设施投资的协调性评价等问题展开了系统研究，旨在为各级政府和相关管理部门优化城市基础设施投资结构、提高投资效益提供理论依据和方法支持。本书的结论和取得的创新性成果如下：

　　（1）分析了国内外城市基础设施投融资体制改革的历程，以及我国城市基础设施建设中存在的问题，总结分析美国、日本、英国、法国、德国等国家和我国香港、台湾地区城市基础设施建设的经验。发达国家和地区在城市基础设施的规划、建设与运营管理方面，以及城市基础设施各子系统投资建设方面的做法，既是可供我国借鉴的经验，同时也是对我国城市基础设施投资建设提出的建议。

　　（2）分析了城市基础设施与城市经济社会发展的系统性，得出二者之间具有协调发展关系，在此基础上，深入分析城市基础设施的系统构成及其特征，提出：城市基础设施子系统间及其与城市经济社会间具有联系密切、互相制约、互相依存的运转系统性和协调性的关系，城市基础设施投资结构、城市基础设施建设和运营的科学管理是取得理想投资效果的重要前提。阐述了城市基础设施投资结构的形成机理，提出：城市基础设施存量结构、经济增长需求结构、技术进步、区域贸易与投资、组织要素等是影响城市基础设施投资结构变动的重要因素，而组织要素中的政府是城市基础设施投资结构形成的最终决策者。在此基础上，提出并形成了城市基础设施投资效果系统评价的总体分析框架，即：在子系统层次上，对城市基础设施投资效果的系统评价，不仅要评价每个子系统自身的投资效果，除此之外，各子系统与城市经济社会发展间的协调性，以及系统层次上的子系统间的协调性也是城市基础设施投资效果评价的重要内容。

（3）综合运用价值工程理论、网络层次分析法、模糊综合评价法，提出了城市基础设施子系统全寿命期投资指数和功能指数的确定方法，构建了子系统层面上的城市基础设施投资效果评价模型。其中，城市基础设施子系统全寿命期投资指数的确定方法具有创新性，不仅为构建子系统投资效果评价模型奠定了基础，同时也为其他领域的类似研究提供思路上和方法上的参考，具有重要的借鉴意义。首先确定了子系统年均寿命周期投资的数学表达式，不仅能够计算出本书研究所需的子系统寿命周期投资水平，同时也能为其他研究中寿命周期成本的量化计算提供思路。在此基础上，将年均寿命周期投资除以被评价城市的人口数量和建成区面积的乘积，得到年均寿命周期投资水平，之后再结合模糊综合评价法和专家调查法得到各子系统的投资指数。

（4）从经济、社会、环境效益的角度，构建了城市基础设施各子系统的功能评价指标体系。坚持科学性和实用性相统一、全面性和代表性相统一、系统性与层次性相统一、可比性和可靠性相统一的原则，在借鉴国内外学者采用的功能指标的基础上，应用频度分析法和专家调查法，更加科学地确定了城市基础设施各子系统的功能评价指标体系，将城市基础设施评价指标的选取提高到了一定的水准，突破了以往研究中将评价指标限定于统计年鉴数据的做法，客观、系统、全面地反映了各子系统的功能性。最后，从评价指标的选取和评价模型的应用两个方面提出开展城市基础设施子系统投资效果评价的对策和建议。

（5）应用协同理论，分别构建城市基础设施子系统-经济-社会-环境复合系统协调度模型和城市基础设施系统协调度模型，为评价城市基础设施各子系统与城市经济社会间以及子系统间的协调性提供了有效的工具。并以北京市为实证对象，对模型的应用进行了验证，结果表明：1995～2006 年间，北京市基础设施系统的协调度波动较大，反映了基础设施各子系统间的不协调状态，需要从有序度不理想的水资源及给排水子系统和交通子系统着手改善；北京能源子系统-经济-社会-环境复合系统经历了初期的波动，正逐步趋于协调，然而现阶段的协调度偏低，仍有较大的改善空间，需要从有序度不理想的社会子系统和环境子系统着手改善。

由于作者能力有限，且本书研究的基于协调视角的城市基础设施投资效果系统评价缺乏足够的研究基础，理论框架体系还需完善，研究还需深入。鉴于城市基础设施投资效果的重要性，希望今后能有更多的研究者投入到本研究领域的研究工作中。

参 考 文 献

[1] 林晓言, 陈有孝. 基础设施投资效果定量评价 [M]. 北京: 清华大学出版社, 北京交通大学出版社, 2005

[2] 王里克, 舒华英. 实物期权与传统投资决策理论的对比评价 [J]. 科技和产业, 2006, (10). 45-49, 53

[3] 唐振鹏, 黄杰. 企业项目投资决策方法及其最新发展 [J]. 科技管理研究, 2003, (1). 16-20

[4] Myers S. C.. Determinants of Corporate Borrowing [J]. Journal of Financial Economics, 1977, (5). 147-175

[5] 何德忠, 孟卫东. 期权博弈理论发展综述 [J]. 生产力研究, 2007, (2). 148-150

[6] 袁艺. 投资评价理论方法综述: 演进与发展 [J]. 现代管理科学, 2006, (2). 116-117

[7] 谢联恒, 孟繁. 投资项目的传统评价方法和现实期权评价方法的比较分析 [J]. 科技管理研究, 2001, (2). 54-57

[8] 夏业良, 程磊. 基础设施与经济增长的互动影响——基于 VAR 模型的动态分析 [J]. 经济经纬, 2011, (4). 14-19

[9] 王其荣. 投资项目评估决策方法之评价 [J]. 福建财会管理干部学院学报, 2006, (3). 1-4

[10] 张兴平, 陶树人. 城市基础设施项目社会评价研究 [J]. 城市规划, 2000, 24 (9). 59-60, 64

[11] 陆菊春, 韩国文, 郑君君. 城市基础设施项目社会评价指标体系的构建 [J]. 科技进步与对策. 2002, (2). 103-104

[12] 花拥军, 雍少宏, 张志恒. 项目社会评价研究概述 [J]. 商业时代. 学术评论, 2006, (1). 32-33

[13] 尹坚. 大型基础设施项目环境评价管理的缺陷分析 [J]. 铁道勘测与设计, 2004, (6). 49-54

[14] 王云霞, 王国弘. 试论投资项目环境评价的理论基础 [J]. 环境科学与管理, 2007, 32 (4). 186-189

[15] Papamarcou, M.; Kalogirou, S., Financial appraisal of a combined heat and power system for a hotel in Cyprus [J]. Energy Conversion and Management, 2001, 42 (6). 689-708

[16] Sundberg, G.; Sjodin, J., Project financing consequences on cogeneration: Industrial plant and municipal utility co-operation in Sweden [J]. Energy Policy, 2003, 31 (6). 491-503

[17] Forouzbakhsh F., Hosseini, S. M. H., Vakilian, M., An approach to the in-

vestment analysis of small and medium hydro-power plants [J]. Energy Policy,
2007, 35 (2). 1013-1024

[18] Voorspools, Kris R., D'haeseleer, William D. Critical evaluation of metho ls for
wind-power appraisal [J]. Renewable and Sustainable Energy Reviews, 2007, 11
(1). 78-97

[19] 王其藩, 徐波, 吴冰, 贾建国. SD模型在基础设施研究中的应用 [J]. 管理工程
学报, 1999, (13), 2.

[20] 牛树海, 金凤君, 刘毅. 中国电力基础设施水平与经济发展关系研究 [J]. 华北
电力技术, 2005, (4). 1-4

[21] 黄文, 管昌生. 城市集中供热研究现状及发展趋势 [J]. 国外建材科技, 2004,
25 (5). 78-80

[22] 黄富国. 太原市城市燃气需求的分析与预测 [J]. 科技情报开发与经济, 2005,
15 (17). 75-77

[23] 王建萍. 如何评价企业能源的利用效果 [J]. 江西能源, 1991 增刊. 68-73, 82

[24] 戴彦德, 朱跃中. 慎重看待能源效率水平评价的国际比较 [J]. 天然气经济,
2005, (6). 6-8

[25] 周鹏, B. W. Ang, 周德群. 基于指数分解分析的宏观能源效率评价 [J]. 能源
技术与管理, 2007, (5). 5-8

[26] 刘征福. 建立能源利用效率评价指标体系的研究 [J]. 能源与环境. 2007, (2).
2-4

[27] 赵树仁. 能源项目投资研究 [J]. 能源基地建设, 1998, (2). 21

[28] 宋润栓. 能源项目投资评价中期权理论的应用研究 [J]. 集团经济研究, 2006,
(10). 186

[29] 王伯春. 新能源系统社会评价模型方法研究 [J]. 能源研究与利用. 2004, (6).
20-24

[30] 谭忠富, 侯建朝, 姜海洋, 柏慧. 关于我国能源可持续利用的评价指标体系研究
[J]. 电力技术经济, 2007, 19 (2). 7-13

[31] Novick, David Novick, (Quade and Douglas, Inc). Life-cycle considerations in ur-
ban infrastructure engineering [J]. Journal of Management In Engineering, 1990,
6 (2). 186-196

[32] Lynde. C, Richmond. J., The role of public capital in production: Review of E-
conomics and Stattsitics, 1992, 74 (1). 37-44

[33] Faulkner, Barry, Martinez, Rodolfo Faulkner, Barry (Cambridge Systematics
Inc). Sensitivity analysis of financial forecasts for MBTA infrastructure Investment
program [J]. Proceedings of the Infrastructure Planning and Management, 1993
(3). 520-524

[34] Kim, Euijune Kim, Euijune (Dept. of Urban Planning/ Engineering , Yonsei
Univ.), Shin, Myungsoo. Estimation on regional benefit and optimal level of road
capital stock [J]. Journal of Infrastructure Systems, 2002, 8 (3). 96-102

[35] James J. Laird, John Nellthorp and Peter J. Mackie. Network effects and total e-conomic impact in transport appraisal [J]. Transport Policy, 2005, 12（6）. 537-544

[36] David A. Hensher. Sustainable public transport systems: Moving towards a value for money and network-based approach and away from blind commitment [J]. Transport Policy, 2007, 14（11）. 98-102

[37] 王莉. 大中城市交通系统投资分析 [M]. 北京：中国铁道出版社，1995

[38] 卫振林. 城市交通可持续发展若干问题的研究 [D]. 北京：北京理工大学，1998

[39] 杨赛霓. 面向可持续发展的城市交通系统综合评价指标体系 [D]. 南京：东南大学，2000

[40] 陆建. 城市交通系统可持续发展规划理论与方法 [D]. 南京：东南大学，2003

[41] 仇东东. 城市交通可持续发展指标体系与模糊综合评价研究 [J]. 中南公路工程，2005，30（2）. 171-174

[42] 颜月霞，王花兰. 基于不确定多属性计算评价城市交通系统的方法研究 [J]. 铁道运输与经济，2006，28（4）. 82-85

[43] 方锡邦，于景飞，夏邦金. 城市交通系统发展水平评价体系及方法研究 [J]. 合肥工业大学学报，2005，28（3）. 238-241

[44] 郭秀芝，陆化普. 城市交通系统整体发展水平综合评价指标体系及方法 [J]. 交通标准化，2003（8）. 53-55

[45] 杨晓光，云美萍. 城市交通控制系统交通效益评价指标及其关联性研究 [J]. 公路交通科技，2004（21）. 81-84

[46] 石琴，汪秀英. 城市交通网络总体建设水平综合评价方法 [J]. 合肥工业大学学报，2005，28（12）. 1496-1498

[47] 范颖玲，李铁柱，谢远长. 基于模糊 AHP 法定权的城市交通环境影响多级灰色评估模型 [J]. 交通环保，2002，23（6）. 1-5

[48] 李胜，童利忠. 灰色决策模型在城市交通环境大气影响评价中的应用 [J]. 公路交通科技，2000，（17）. 87-90

[49] 何如海，叶依广. 基于模糊理论的城市交通生态环境综合评价模型研究 [J]. 安徽农业大学学报，2006，（33）. 419-422

[50] Greenstein, S. M., Spiller, P. T., Estimating the Welfare Effects of Digital In-frastructure, NBER Working Dissertation No. w5770, September 1996

[51] Madden, G., SJ Savage, CEE telecommunications investment and economic growth, Information Economics & Policy, Vol (10), 1998

[52] Roller, L-H., Waverman, L., Telecommunication Infrastructure and Economic Development: A Simulaneous Approach American Economic Review91（4）. 909-923

[53] Jipp, A., Wealth of nations and telephone density [J]. ITU Telecommunication Journal, 1963, 30. 199-201

[54] Hardy, A., The role of the telephone in economics development [J]. Telecommu-

nication Policy, 1980 (4). 278-286

[55] Carr, G. W., Telecommunication's contribution to economic development [J]. Conference record "World Prosperity Through Communication", IEEE International Conference, 1989, 1. 319-323

[56] Norton, S., Transaction costs, telecommunication, and the microeconomics of microeconomic growth [J]. Economic development and acultural change, 1992, 41. 175-196

[57] 牛中允. 国家信息基础设施与我国的通信发展政策探讨 [J]. 通信技术政策研究, 2004, (5). 28-37

[58] 赵大伟. 交通运输和邮电通信业与国民经济发展的因果关系 [J]. 大连海事大学学报: 自然科学版, 2005, 31 (4). 60-62

[59] 南焱. 邮政服务为何落伍城市化——京津沪邮政基础设施建设调查 [J]. China Economic Weekly, 2007, (14). 22-25

[60] 信息产业部综合规划司. 2006 年全国通信业发展统计公报 [J]. 通信企业管理, 2007, (3). 76-78

[61] 廖建文. 通信工程建设的决策与评价 [J]. 中国电信业, 2001, (11). 50-51

[62] 王长河. 对通信建设项目经济评价方法的改进建议 [J]. 邮电设计技术, 2003, (5). 49-53

[63] 秦廷奎. 非盈利通信建设项目经济评价方法探讨 [J]. 邮电设计技术, 2003, (12). 44-46

[64] 陈文沛. 价值工程在通信服务企业产品评价中的应用研究 [J]. 价值工程. 2003, (5). 46-47

[65] 孙维, 林振辉, 舒华. 英移动通信客户价值评价指标体系设计 [J]. 移动通信, 2004, 28 (4). 111-114

[66] 朱强. 移动通信网质量综合评价指数 [J]. 移动通信, 2004, 28 (12). 107-109

[67] 蒋华园, 吴铁砚. 关于中国邮政通信企业经营效益评价的研究 [J]. 邮电经济, 2001, (2). 20-23

[68] 黄玉波, 王敬. 电信企业综合竞争力评价的理论基础与指标体系 [J]. 中外企业家. 2006, (12). 88-91

[69] 刘旺. 水资源可持续利用评价方法研究 [J]. 四川师范大学学报: 自然科学版. 1999, 22 (4). 453-456

[70] 左东启. 水资源评价指标体系研究 [J]. 水科学进展. 1996, 7 (4). 367-373

[71] 陈庆秋, 薛建枫, 周永章. 城市水系统环境可持续性评价框架 [J]. 中国水利. 2004, (3). 6-10

[72] 贾绍凤, 张军岩. 区域水资源压力指数与水资源安全评价指标体系 [J]. 地理科学进展, 2002, 21 (6). 538-545

[73] 韩宇平, 阮本清, 解建仓. 多层次多目标模糊优选模型在水安全评价中的应用 [J]. 资源科学. 2003, 25 (4). 37-42

[74] 王志良, 田景环, 邱林. 城市供水绩效的数据包络分析 [J]. 水利学报. 2005,

36 (2). 1486-1491

[75] 许煦. 各地区城市供水效率比较分析 [J]. 中华建设，2006，(8). 71-72

[76] 王志良，单淑贞，邱林，杨成武. 基于混沌优化算法的城市供水绩效 DEA 评价模型 [J]. 水电能源科学，2007，25 (2). 11-13

[77] 吴次其. 市政给排水管网综合效能的评价-以宁波市为例 [J]. 中华建设，2008，(4). 93-94

[78] G. Haughton&C. Hunter, Sustainable Cities. London：Jessica Kingsley Publishers, 1992

[79] 王祥荣. 生态与环境：城市可持续发展与生态环境调控新论 [M]. 南京：东南大学出版社，2000

[80] 刘全友，张遂业. 晋冀鲁豫接壤区生态环境现状评价 [J]. 生态学报. 1998，18 (6). 582-588

[81] 杨秀春，朱晓华. 徐州市生态环境质量动态评价与整治研究 [J]. 城市环境与城市生态，2002，15 (6). 8-10

[82] 胡文. 城市生态住区环境性能评价要素的研究 [硕士论文]. 中南大学，2006

[83] 张志宏. 北京市海淀区环卫基础设施规划的思考 [J]. 环境卫生工程，2006，14 (2). 30-34

[84] 邓镓佳，彭绪亚，伍翔，丁文川. 社会评价在城市环卫公共设施建设项目中的应用 [J]. 环境卫生工程，2007，15 (4). 26-29

[85] 古润泽，李延明，谢军飞. 北京城市园林绿化生态效益的定量经济评价 [J]. 生态科学，2007，12 26 (6). 519-524

[86] 张华，宋宗强，郭镭. 城市园林绿化定量评价方法研究 [J]. 广东园林. 2004，(1). 36-40

[87] 吴育华，卢静. 城市环境保护工作效率评价 [J]. 天津大学学报（社会科学版）. 2006，8 (4). 246-249

[88] 何佳. 地区环境保护情况综合评价方法及实证研究 [J]. 电力环境保护. 2006，22 (3). 9-12，62

[89] 董小林，曹广华，李娇娜. 城市环境保护投资分析与评价 [J]. 西安建筑科技大学学报，2006，6 38 (3). 327-332

[90] 刘长翠，李奎，孙童. 环境保护财政资金绩效评价透视 [J]. 财政研究，2007，6. 38-40

[91] 于山，王海霞，苏幼坡. 城市防灾工程投资优化模型研究 [J]. 工程抗震与加固改造，2005，27 (6). 89-93

[92] 韩传峰，陈建国，刘福兴. 城市防灾基础设施开发与管理保障机制研究 [J]. 自然灾害学报，2004，13 (4)

[93] 徐波. 奠定城市安全的基石——建设领域防灾减灾体系构建 [J]. 中国减灾，2005，(4). 21-22

[94] 高军，王天青. 关于城市防灾规划的反思 [J]. 城市问题，2005，(5). 70-72，81

[95] 马振. 哈尔滨市防洪基本情况和防灾减灾的对策措施 [J]. 城市道桥与防洪，

2005，(3)．5-8

[96] 张军．城市防灾的档案对策［J］．中国档案，2006，(5)．42-43

[97] 经端．减灾防灾与经济、社会的可持续发展［J］．特区经济，2005，(12)．30-32

[98] 章华楷．谈城市基础设施建设比例关系［J］．规划师．2003，19 (1)．77-79，83

[99] 申金山，关柯．城市基础设施与社会经济协调发展的定理评价方法与应用［J］．城市环境与城市生态，2000，13 (5)．10-12

[100] 尤丽霞，连军．城市基础设施与可持续发展研究［J］．天津大学学报：社会科学版．2001，3 (4)．339-342

[101] 杨军．基础设施投资结构变动的国际比较与决定机制［J］．投资研究，2003，8．18-23

[102] 中国运筹学第八届学术交流会议论文集［C］．广东：深圳，2006．6．693-699

[103] 史富文．北京市基础设施建设投资效果评价体系研究［硕士论文］．清华大学，2005

[104] 李博．河北省固定资产投资效果及滞后效应分析［J］．河北师范大学学报：哲学社会科学版，2006，29 (3)．48-51

[105] 于宝生，侯志辉，石静，曹国英．交通工程建设项目方案投资效果的研究［J］．辽宁交通科技．2005，8．78-80

[106] 贾美玲．嘉祥县世界银行贷款——灌溉农业项目投资效果分析［硕士学文论文］．北京：中国农业大学，2005

[107] 王莲芬．网络分析法（ANP）的理论与算法［J］．系统工程理论与实践，2001，(3)．44-50

[108] 王志英，韩款．ANP在价值分析评价中的应用［J］．价值工程，2006，(2)

[109] 薛斌，王京芳，刘彩利，葛晓梅．基于ANP的绿色供应链管理动态评价［J］．情报杂志，2006，(5)．7-10

[110] 刘惠萍．基于网络层次分析法（ANP）的政府绩效评估［J］．科学学与科学技术管理，2006，(6)．111-115，153

[111] 唐小丽，冯俊文．ANP原理及其运用展望［J］．统计与决策，2006，(6)．138-140

[112] 赵昆，洪向东．ANP网络分析法及其在信息系统组合分析中的应用［J］．云南财贸学院学报，2005，21 (4)．107-112

[113] Morrision, C. J. and Schwartz A. Z., State infrastructure and productive performance：New England Economic Journal, 1996-1~2. 4-22

[114] 蔡艺．主成分法在综合评价中的应用［J］．中国统计，2005，(2)

[115] 于秀林，任雪松．多元统计分析［M］．中国统计出版社，1999，8．154-155

[116] 顾基发．评价方法综述．科学决策与管理工程［M］．北京：中国科学技术出版社，1990，4

[117] 孟生旺．用主成分分析法进行多指标评价应注意的问题［J］．统计研究，1992，86-87